Harsh Raj

# Explorando blockchain

Harsh Raj

# Explorando blockchain

## Uma viagem às redes descentralizadas

ScienciaScripts

**Imprint**



Cover image: www.ingimage.com

This book is a translation from the original published under ISBN 978-620-7-65356-0.

Publisher:
Sciencia Scripts
is a trademark of
Dodo Books Indian Ocean Ltd. and OmniScriptum S.R.L publishing group

120 High Road, East Finchley, London, N2 9ED, United Kingdom
Str. Armeneasca 28/1, office 1, Chisinau MD-2012, Republic of Moldova, Europe
Printed at: see last page
**ISBN: 978-620-7-79633-5**

# Prefácio

Bem-vindo a "Explorar a cadeia de blocos: Uma viagem às redes descentralizadas"!

A tecnologia Blockchain revolucionou a forma como percebemos e interagimos com os activos digitais, dando início a uma era de descentralização, transparência e confiança. Como autor deste livro, tenho o prazer de o guiar através do intrincado mundo da Blockchain e das suas inúmeras aplicações.

Nestas páginas, vamos aprofundar os conceitos fundamentais da Blockchain, explorando a sua natureza descentralizada, princípios criptográficos e mecanismos de consenso. Desde o seu humilde início como a espinha dorsal das criptomoedas até ao seu potencial para perturbar sectores que vão desde as finanças à gestão da cadeia de fornecimento, a Blockchain é uma promessa imensa para remodelar o futuro da tecnologia e da sociedade.

Tenho uma dívida de gratidão para com os pioneiros e inovadores que abriram o caminho para a proliferação da Blockchain, bem como para com os inúmeros indivíduos e comunidades que continuam a alargar os limites desta tecnologia transformadora. A sua paixão, dedicação e espírito de colaboração inspiram-me a explorar ainda mais as possibilidades da Blockchain e o seu papel na formação de um mundo mais equitativo e descentralizado.

Quero também estender o meu sincero agradecimento à minha família, amigos e colegas pelo seu apoio e encorajamento inabaláveis ao longo do processo de escrita. O facto de acreditarem em mim tem sido uma fonte constante de motivação, levando-me a articular as complexidades da Blockchain de uma forma acessível e cativante para leitores de todas as origens.

Ao embarcar nesta viagem ao mundo da Blockchain, convido-o a abordá-la com uma mente aberta e um espírito de curiosidade. Quer seja um tecnólogo experiente, um empresário em início de carreira ou simplesmente um entusiasta curioso, há algo nestas páginas para todos. Juntos, vamos explorar o potencial transformador da Blockchain e imaginar um futuro em que a confiança já não é uma mercadoria, mas um aspeto fundamental das nossas interacções digitais.

Obrigado por se juntar a mim nesta emocionante aventura. Espero que "Exploring Blockchain" o inspire a abraçar as possibilidades das redes descentralizadas e a embarcar na sua viagem de descoberta.

Autores

# Reconhecimento

Escrever um livro nunca é uma tarefa solitária, e "Exploring Blockchain: A Journey into Decentralized Networks" não é exceção. Estou profundamente grato às seguintes pessoas e organizações cujo apoio, orientação e encorajamento foram fundamentais para a concretização deste projeto:

Antes de mais, gostaria de expressar a minha sincera gratidão aos pioneiros e visionários da tecnologia Blockchain. O seu trabalho inovador não só lançou as bases para este livro, como também inspirou gerações de inovadores a explorar o vasto potencial das redes descentralizadas.

Estou em dívida para com os meus mentores e colegas da comunidade Blockchain, cujos conhecimentos e perspectivas enriqueceram a minha compreensão deste domínio complexo e em rápida evolução. A sua disponibilidade para partilhar conhecimentos e participar em discussões animadas foi inestimável para moldar o conteúdo deste livro.

Os meus sinceros agradecimentos à minha família pelo seu apoio e encorajamento inabaláveis ao longo do processo de escrita. O seu amor, paciência e compreensão têm sido uma fonte constante de inspiração, recordando-me a importância da perseverança e da dedicação na prossecução das minhas paixões.

Gostaria também de agradecer o apoio do seu profissionalismo e experiência na introdução deste livro no mercado. O seu empenho na qualidade e na inovação foi fundamental para garantir o êxito deste projeto.

Por último, mas não menos importante, quero expressar a minha gratidão aos leitores de "Exploring Blockchain". A vossa curiosidade, entusiasmo e feedback são a força motriz da minha escrita, e espero sinceramente que este livro sirva como um recurso valioso na vossa exploração da tecnologia Blockchain.

Obrigado a todos pelas vossas contribuições, apoio e crença no poder transformador da Blockchain. Este livro não teria sido possível sem vós.

# Programa de estudos

## Explorando a cadeia de blocos: Uma viagem às redes descentralizadas

# Dedicação

Este livro é dedicado a todos os pioneiros, visionários e inovadores que abraçaram o potencial transformador da tecnologia Blockchain. A vossa paixão, perseverança e busca incessante pela inovação abriram caminho para um futuro mais descentralizado, transparente e equitativo.

Para os heróis desconhecidos da comunidade Blockchain, cujos esforços e contribuições incansáveis muitas vezes não são reconhecidos, este livro é dedicado a vocês. O vosso empenho em fazer avançar os princípios da descentralização, confiança e colaboração inspira-nos a todos a ultrapassar os limites do que é possível.

Dedico este livro à minha família, cujo apoio e encorajamento inabaláveis têm sido a pedra angular do meu percurso. O vosso amor, paciência e compreensão alimentaram a minha paixão pela Blockchain e deram-me o poder de partilhar o seu potencial com o mundo.

Que "Exploring Blockchain: A Journey into Decentralized Networks" seja um tributo aos esforços colectivos da comunidade Blockchain e um testemunho do poder transformador das tecnologias descentralizadas.

Com gratidão e admiração,

Er. Harsh Raj

**ESTE LIVRO É DEDICADO A**

**Os meus pais**

**O SR. E A SRª. BARNWAL**

**O sucesso não é um visitante à porta;**

**é um cume que aguarda a sua ascensão.**

# Índice

# Capítulo 1: Noções básicas de Blockchain

## 1.1 Problema da dupla despesa

- Despesa dupla significa gastar o mesmo dinheiro duas vezes.
- Todas as transacções só podem ser processadas de duas formas: offline ou online.

**Fora de linha:** Uma transação que envolve moeda física ou numerário é conhecida como uma transação offline.

**Em linha:** Uma transação que envolve dinheiro digital é conhecida como uma transação em linha.

- O problema da dupla despesa é um desafio fundamental nas moedas digitais e na tecnologia de cadeia de blocos.
- Refere-se ao risco de gastar os mesmos tokens de criptomoeda mais do que uma vez, criando essencialmente um duplicado ou uma contrafação da moeda digital.
- Num sistema financeiro tradicional, quando se gasta dinheiro, esse montante é subtraído da conta e não se pode voltar a gastar o mesmo dinheiro.
- Isto deve-se ao facto de as autoridades centralizadas, como os bancos, garantirem o equilíbrio necessário e evitarem a duplicação de despesas.

No entanto, no contexto das criptomoedas e da cadeia de blocos:

a. As transacções são registadas num livro-razão descentralizado e imutável (a cadeia de blocos).

b. Não existe uma autoridade central que supervisione estas transacções.

c. As criptomoedas existem apenas em formato digital, o que torna teoricamente possível que um utilizador malicioso crie várias transacções contraditórias utilizando os mesmos fundos.

- O problema do gasto duplo surge quando alguém tenta enviar a mesma criptomoeda para dois destinatários diferentes em simultâneo ou em rápida sucessão.
- Este facto pode perturbar a integridade e a fiabilidade de um sistema de moeda digital.
- As redes de cadeias de blocos utilizam vários mecanismos, como algoritmos de consenso (por exemplo, prova de trabalho ou prova de participação), para evitar a duplicação de gastos.
- Estes mecanismos garantem que as transacções são validadas e registadas de uma forma que torna extremamente difícil para um agente malicioso gastar duas vezes os mesmos tokens de criptomoeda.
- As múltiplas confirmações de uma transação, conseguidas através da adição de novos blocos à cadeia de blocos, também ajudam a reduzir o risco de despesas duplas.

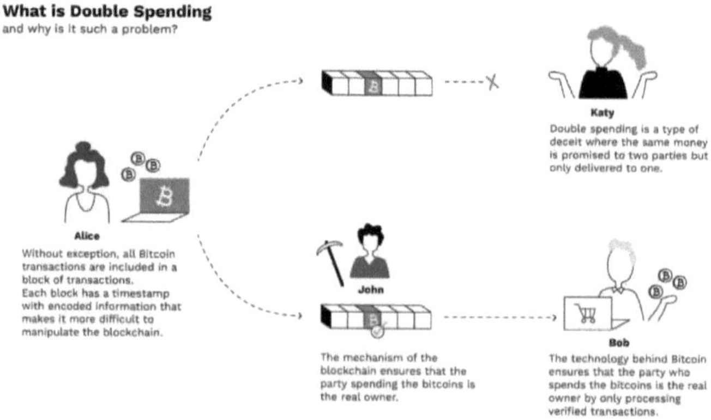


*Figura 1.1: Dupla despesa e seu conceito.*

### 1.1.1 Blockchain e a sua importância

A tecnologia de cadeias de blocos ganhou uma importância significativa e está a ser aplicada em vários sectores e aplicações devido às suas características e capacidades únicas. As principais áreas em que a cadeia de blocos está a ter impacto são:

- **Criptomoedas:** A aplicação mais conhecida de blockchain é em criptomoedas como Bitcoin e Ethereum. A cadeia de blocos fornece um livro-razão seguro e descentralizado para registar transacções, permitindo que as moedas digitais funcionem sem a necessidade de bancos ou intermediários tradicionais.

- **Gestão da cadeia de abastecimento:** A Blockchain é utilizada para melhorar a transparência e a rastreabilidade nas cadeias de abastecimento. Permite às empresas acompanhar o movimento de produtos e matérias-primas em tempo real, reduzindo a fraude, garantindo a autenticidade e melhorando a eficiência dos processos da cadeia de abastecimento.

- **Contratos inteligentes:** Os contratos inteligentes são contratos auto-executáveis com os termos do acordo diretamente escritos no código. As plataformas Blockchain, como a Ethereum, permitem o desenvolvimento de contratos inteligentes, que automatizam e aplicam acordos contratuais, reduzindo a necessidade de intermediários e melhorando a eficiência da execução do contrato.

- **Verificação de identidade:** A cadeia de blocos pode ser utilizada para criar sistemas de identidade digital seguros e invioláveis. Os utilizadores têm controlo sobre a sua informação de identidade e podem partilhá-la seletivamente com partes de confiança, reduzindo o risco de roubo de identidade e fraude.

- **Sistemas de votação:** Os sistemas de votação baseados em blockchain podem melhorar a integridade e a transparência das eleições. Os votos são registados de forma imutável na cadeia de blocos, tornando quase impossível manipular ou adulterar os resultados das eleições.

- **Finanças e Banca:** A cadeia de blocos está a perturbar o sector financeiro ao permitir pagamentos e remessas transfronteiriços mais rápidos e mais rentáveis. Também tem aplicações no financiamento do comércio, reduzindo a burocracia e os riscos de fraude.

- **Imobiliário:** A Blockchain pode simplificar o sector imobiliário, reduzindo a complexidade das transacções imobiliárias. Os registos de propriedade podem ser armazenados de forma segura numa cadeia de blocos, facilitando a verificação da propriedade e a transferência de propriedades.
- **Comércio de energia:** A Blockchain é utilizada em plataformas de comércio de energia peer-to-peer, permitindo que indivíduos e organizações comprem e vendam o excesso de energia diretamente entre si, reduzindo a dependência de fornecedores de energia centralizados.
- **Educação:** A Blockchain pode ser usada para verificar credenciais e certificações educacionais, reduzindo o risco de fraude de credenciais.

### 1.1.2 Importância da confiança e da segurança nas transacções em cadeia de blocos

A confiança e a segurança são primordiais nas transacções de cadeias de blocos por várias razões e são fundamentais para o sucesso e a adoção da tecnologia de cadeias de blocos em várias aplicações.

Eis por que razão a confiança e a segurança são cruciais nas transacções em cadeia de blocos:

- **Prevenção de fraudes:** Os mecanismos de confiança e segurança da cadeia de blocos impedem actividades fraudulentas como o gasto duplo, em que alguém tenta gastar a mesma moeda criptográfica duas vezes. Através de técnicas criptográficas e mecanismos de consenso, a cadeia de blocos garante que, uma vez confirmada uma transação, esta não pode ser alterada ou revertida sem o consenso da rede.
- **Possibilitando a descentralização:** O modelo de confiança da Blockchain elimina a necessidade de intermediários, como bancos ou processadores de pagamentos, permitindo transacções directas entre pares. Esta descentralização reduz o risco de manipulação, censura e acesso não autorizado, promovendo a

inclusão e independência financeira.

- **Aumento da transparência:** A natureza transparente das transacções de cadeia de blocos significa que qualquer pessoa pode ver o histórico de transacções no livro-razão. Esta transparência cria confiança ao permitir que os participantes verifiquem a integridade das transacções e garantam que são justas e precisas.
- **Privacidade e controlo:** Embora as transacções em cadeia de blocos sejam transparentes, também podem ser concebidas para proteger a privacidade dos utilizadores. Os participantes têm controlo sobre as suas chaves privadas e podem escolher a informação a divulgar. Este equilíbrio entre transparência e privacidade é essencial, especialmente em aplicações como os cuidados de saúde e a gestão de identidades.
- **Contratos inteligentes:** Os contratos inteligentes são acordos auto-executáveis com regras predefinidas. A confiança na tecnologia blockchain subjacente é crucial para a automatização da execução do contrato. Os utilizadores confiam que o código funcionará como pretendido, sem a necessidade de intermediários.
- **Serviços financeiros:** No sector financeiro, a confiança e a segurança são essenciais para a prestação de serviços como a custódia, a gestão de activos e a concessão de empréstimos. A tecnologia Blockchain aumenta a segurança e reduz o risco de contraparte nestes processos financeiros.
- **Integridade dos dados:** A imutabilidade da Blockchain garante a integridade dos dados armazenados no livro-razão. Uma vez registados, os dados tornam-se extremamente difíceis de alterar ou apagar, reduzindo o risco de adulteração ou manipulação de dados.

### 1.1.3 Como é que o sistema tradicional evita a duplicação de despesas

Os sistemas financeiros tradicionais, como os que envolvem dinheiro físico ou bases de dados digitais centralizadas, evitam as despesas duplas através de uma combinação de controlo centralizado, gestão de contas e validação de transacções.

Como é típico conseguir isto:

- **Ledger centralizado:** Os sistemas financeiros tradicionais funcionam com um registo centralizado que é mantido e controlado por uma autoridade de confiança, como um banco ou um processador de pagamentos. Este livro-razão regista todas as transacções financeiras e saldos de contas.
- **Sistema baseado em contas:** Nestes sistemas, cada utilizador tem uma conta junto de uma autoridade de confiança. A conta regista o saldo do utilizador e, quando ocorre uma transação, o sistema subtrai o montante adequado da conta do remetente e adiciona-o à conta do destinatário.
- **Autorização e verificação:** Antes de uma transação ser processada, o sistema financeiro tradicional assegura que o remetente tem fundos suficientes para cobrir a transação. Isto é feito através da verificação do saldo da conta do remetente. Se o saldo for insuficiente, a transação é rejeitada.
- **Liquidação da transação:** Uma vez autorizada e verificada uma transação, esta é liquidada no livro-razão, actualizando os saldos das contas em conformidade. Esta liquidação é normalmente irreversível e não pode ser facilmente alterada.
- **Confiança na autoridade central:** Os utilizadores dos sistemas financeiros tradicionais confiam na autoridade central (por exemplo, um banco) para manter a integridade do livro-razão e evitar a duplicação de despesas. A autoridade dispõe de mecanismos para detetar e prevenir actividades fraudulentas.
- **Papel-moeda:** No caso do numerário físico, a prevenção da dupla utilização é inerente à natureza física da moeda. Quando se dá a alguém uma nota de banco física, deixa-se de a possuir, tornando impossível gastar a mesma nota novamente, a menos que seja fisicamente falsa.
- **Transacções digitais:** Para transacções digitais (por exemplo, pagamentos com cartão de crédito), as autoridades centrais utilizam mecanismos de

encriptação, autenticação e autorização para garantir que cada transação é processada apenas uma vez.

- **Reconciliação de contas:** Os sistemas centralizados reconciliam e auditam regularmente os seus livros de contabilidade

para identificar e retificar quaisquer discrepâncias ou irregularidades.

**Nota:** Os sistemas financeiros tradicionais são eficazes na prevenção da duplicação de despesas no âmbito dos seus quadros centralizados, mas também apresentam desvantagens, incluindo a necessidade de intermediários, potenciais pontos de falha e limitações à inclusão financeira.

Por outras palavras, a tecnologia blockchain, utilizada em criptomoedas como a Bitcoin, foi desenvolvida para resolver estas limitações, fornecendo uma solução descentralizada e sem confiança para o problema dos gastos duplos. A Blockchain consegue este objetivo através de técnicas criptográficas, mecanismos de consenso e um livro-razão distribuído que torna virtualmente impossível gastar duas vezes sem controlar a maior parte do poder computacional da rede.

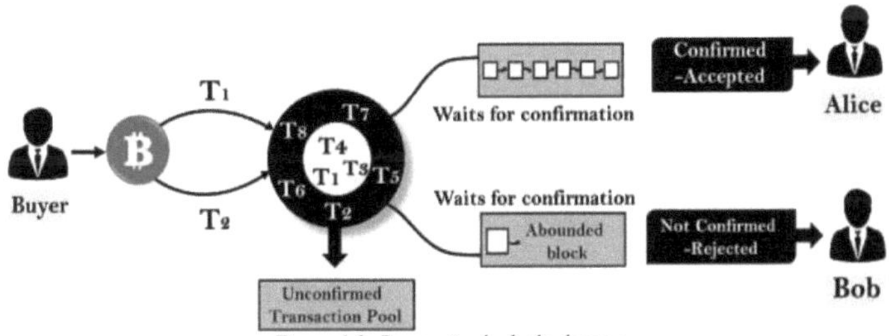


*Figura 1.2: Prevenção da dupla despesa*

- ***A Prova de Trabalho (PoW)*** é um mecanismo de consenso na cadeia de blocos em que os mineiros competem para resolver puzzles complexos. O primeiro a encontrar uma solução válida adiciona um novo bloco, validando transacções e ganhando recompensas. O PoW garante a segurança da rede, mas consome muita energia e tem preocupações ambientais, levando à exploração de alternativas mais eficientes.

- ***A Proof of Stake (PoS)*** é um mecanismo de consenso em redes blockchain em que os validadores são escolhidos para criar novos blocos e confirmar transacções com base no número de tokens de criptomoeda que detêm e "apostam" como garantia. O PoS é energeticamente eficiente em comparação com a Prova de Trabalho (PoW) e tem como objetivo proteger a rede, reduzindo o impacto ambiental. Os validadores ganham prémios pela sua participação e podem perder a sua participação por comportamento malicioso.

### 1.1.4 A solução da cadeia de blocos para duplicar as despesas

A tecnologia Blockchain oferece uma solução inovadora e eficaz para o problema da dupla despesa nas moedas e transacções digitais.

A forma como a cadeia de blocos aborda esta questão é:

- **Descentralização:** A Blockchain opera numa rede descentralizada de computadores (nós) onde não existe uma autoridade central que supervisione as transacções. Em vez de depender de uma única entidade de confiança, como um banco, para manter um livro-razão e evitar gastos duplos, as transacções da cadeia de blocos são verificadas e registadas por vários nós espalhados pela rede.
- **Ledger imutável:** Quando uma transação é confirmada e adicionada a uma cadeia de blocos, torna-se parte de um livro-razão imutável e à prova de adulteração. As transacções são agrupadas em blocos e ligadas entre si numa cadeia cronológica, com cada bloco a conter uma referência ao anterior. Isto faz com que seja excecionalmente difícil alterar ou apagar uma transação quando esta se encontra na cadeia de blocos.
- **Mecanismos de consenso:** As redes Blockchain utilizam mecanismos de consenso, como Proof of Work (PoW) ou Proof of Stake (PoS), para validar e concordar com o estado do registo. O consenso garante que todos os participantes na rede concordam com a ordem e a validade das transacções. Impede que agentes mal-intencionados criem múltiplas transacções

contraditórias e façam gastos duplos.

- **Verificação da transação:** Quando uma transação é iniciada, é transmitida para a rede para validação. Os nós da rede verificam a transação, confirmando que o remetente possui os fundos necessários e assegurando que a transação ainda não foi gasta. Apenas as transacções válidas são adicionadas à cadeia de blocos.
- **Confirmações múltiplas:** A maioria das redes de blockchain exige múltiplas confirmações, que envolvem a adição de novos blocos à blockchain, antes de considerar uma transação como final. Quanto mais confirmações uma transação tiver, mais segura e irreversível se torna. Isso reduz significativamente o risco de gastos duplos.
- **Incentivos económicos:** Em sistemas de Prova de Trabalho (PoW) como o Bitcoin, os mineiros são recompensados pelo seu trabalho de proteção da rede e de adição de blocos à cadeia de blocos. Para tentar duplicar os gastos seria necessário controlar a maior parte do poder de mineração da rede, o que é economicamente impraticável e caro.
- **Registo transparente e público:** As transacções em Blockchain são transparentes e podem ser vistas por qualquer pessoa na rede. Esta transparência ajuda a detetar e a evitar tentativas de despesas duplas, uma vez que qualquer atividade suspeita pode ser facilmente identificada.

### 1.1.5 Como a cadeia de blocos evita a duplicação de despesas

A tecnologia Blockchain impede a duplicação de gastos, que é um problema crítico nos sistemas de moeda digital, através de uma combinação de técnicas criptográficas, consenso descentralizado e um registo distribuído.

Como a cadeia de blocos resolve o problema da dupla despesa:

- **Descentralização:** Ao contrário dos sistemas centralizados tradicionais, a blockchain opera numa rede descentralizada de nós (computadores). Isto significa que não existe uma autoridade central única a controlar o livro-razão.

As transacções são verificadas e registadas por vários participantes na rede.

- **Mecanismos de consenso:** As redes Blockchain utilizam mecanismos de consenso para chegar a acordo sobre o estado do livro-razão e quais as transacções que devem ser adicionadas ao mesmo. Os mecanismos de consenso mais conhecidos são o Proof of Work (PoW) e o Proof of Stake (PoS). Estes mecanismos exigem que os participantes resolvam puzzles matemáticos complexos ou apostem criptomoedas como garantia para validar as transacções. O consenso garante que apenas as transacções válidas são adicionadas à cadeia de blocos.
- **Prevenção de gastos duplos:** Os nós da Blockchain mantêm um registo de todas as transacções na rede. Quando um utilizador tenta gastar a mesma moeda criptográfica duas vezes (um gasto duplo), os nós rejeitam a segunda transação porque reconhecem que os fundos já foram gastos numa transação anterior e válida. Esta rejeição ocorre durante o processo de verificação da transação.

### 1.1.6 Vetor de ataque para despesas duplas

A duplicação de despesas é um desafio crítico nos sistemas de moeda digital, incluindo as criptomoedas baseadas na cadeia de blocos.

Embora a tecnologia de cadeias de blocos disponha de mecanismos robustos para evitar a duplicação de despesas, existem ainda alguns potenciais vectores de ataque que os agentes maliciosos podem explorar para tentar duplicar as despesas.

Alguns vectores de ataque são:

- **Ataque de corrida (condição de corrida):** Num ataque de corrida, o utilizador malicioso tenta transmitir duas transacções contraditórias quase em simultâneo. O utilizador envia uma transação a um comerciante ou destinatário para efetuar um pagamento e, simultaneamente, envia outra transação que gasta os mesmos fundos para si próprio. O objetivo é fazer com que o comerciante aceite a primeira transação, acreditando que é válida, e depois confirme a segunda transação, gastando efetivamente os fundos duas vezes.

- **Ataque Finney:** Nomeado em homenagem ao pioneiro do Bitcoin, Hal Finney, este ataque envolve um mineiro que tem uma recompensa de mineração à espera de ser confirmada. O mineiro inclui uma transação de gasto duplo no próximo bloco que minera. A ideia é minerar um novo bloco rapidamente e confirmar a transação de gasto duplo antes que a rede possa validar a transação original.
- **Ataque Vector76 (Replace-by-Fee):** Este ataque baseia-se na funcionalidade de substituição por taxa que permite a um utilizador substituir uma transação não confirmada por uma transação de taxa mais elevada que gasta as mesmas moedas. Se o atacante enviar uma transação com uma taxa baixa, pode então enviar outra transação com uma taxa mais elevada para os mineiros, encorajando-os a confirmar a última transação.
- **Ataque de 51%:** Num ataque de 51%, uma entidade ou grupo de mineiros controla mais de 50% do poder de mineração numa rede blockchain de Prova de Trabalho (PoW). Podem manipular as regras de consenso da cadeia de blocos com controlo maioritário e potencialmente executar ataques de gasto duplo. No entanto, este tipo de ataque é extremamente dispendioso e normalmente não é viável para criptomoedas bem estabelecidas como a Bitcoin.
- **Ataque de mineração egoísta:** Este ataque envolve um mineiro ou um grupo de mineiros que retêm os seus blocos extraídos da rede. Ao fazê-lo, podem manipular o processo de confirmação e aumentar as suas hipóteses de conseguir um gasto duplo. No entanto, este ataque também é difícil de executar com êxito e constitui uma ameaça menor em redes de cadeias de blocos grandes e seguras.

É importante notar que, embora estes vectores de ataque existam, as redes de cadeia de blocos têm contramedidas para os atenuar. A segurança e a integridade das redes de blockchain dependem da descentralização da rede, dos mecanismos de consenso e dos incentivos económicos para que os mineiros sigam as regras e ajam honestamente. Quanto mais descentralizada e segura for uma rede de blockchain, mais resistente ela será a ataques de gasto duplo e outras atividades maliciosas. Além disso, a maioria dos comerciantes e serviços espera por várias confirmações antes de considerar uma transação como final, reduzindo ainda mais o risco de gastos duplos.

## 1.2 Problemas de computação dos generais bizantinos

- O problema dos generais bizantinos, também conhecido como o problema da tolerância a falhas bizantinas, é um problema clássico da computação distribuída e da informática. Descreve um cenário em que um grupo de generais, cada um comandando uma parte de um exército bizantino, está a cercar uma cidade inimiga. Os generais precisam de chegar a um consenso sobre se devem atacar ou recuar.

- O problema dos generais bizantinos é um problema clássico da computação distribuída e das ciências informáticas, frequentemente utilizado para ilustrar os desafios e as soluções para chegar a um consenso entre nós distribuídos, mesmo quando alguns dos nós podem ser defeituosos ou maliciosos. O problema tem o nome dos "Generais Bizantinos" como metáfora dos sistemas distribuídos que enfrentam canais de comunicação incertos ou não fiáveis.

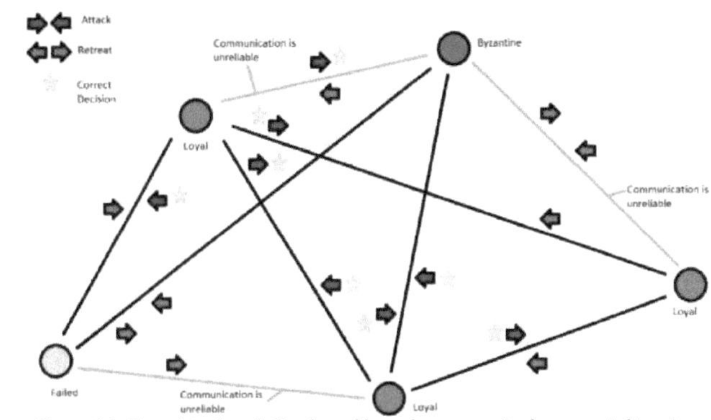


*Figura 1.3: Estratégia de trabalho do problema de computação dos generais bizantinos*

## 1.2.1 Cenário

- Imagine um grupo de generais bizantinos, cada um comandando uma parte de um exército, cercando uma cidade inimiga. Estes generais precisam de decidir se atacam ou se retiram. Só podem comunicar entre si através de mensageiros, e alguns dos mensageiros podem ser traidores que fornecem informações falsas ou alteram deliberadamente as mensagens.

- O problema é fazer com que os generais leais cheguem a um consenso sobre o ataque ou a retirada, apesar da presença de generais traidores e de mensageiros pouco fiáveis. Os generais devem chegar a acordo sobre um plano de ação comum para evitar o desastre, uma vez que atacar ou retirar independentemente pode levar à derrota.

## 1.2.2 Desafios

O problema dos generais bizantinos coloca vários desafios:

- **Generais faltosos**: Alguns generais podem ser traidores, enviando mensagens contraditórias ou falsas para confundir os generais leais. Alguns generais podem ser traidores e enviar deliberadamente mensagens contraditórias ou incorrectas. Estes generais traidores podem prejudicar o processo de tomada de decisão ao espalharem informação incorrecta.

- **Mensageiros não fiáveis**: Os mensageiros podem entregar mensagens incorretamente ou modificar o conteúdo, tornando difícil confiar na informação recebida. Os mensageiros podem entregar mensagens incorretamente ou alterar o conteúdo. Os generais não podem ter a certeza se as mensagens que recebem são fiáveis ou se foram manipuladas.
- **Comunicação assíncrona**: Não há garantia sobre o momento da entrega da mensagem, o que significa que as mensagens podem chegar em momentos diferentes ou perder-se. Não há garantia de que as mensagens sejam entregues atempadamente. As mensagens podem chegar em alturas diferentes, ou algumas podem perder-se em trânsito. A comunicação assíncrona pode gerar confusão, uma vez que os generais podem atuar com base em informações desactualizadas ou incompletas.
- **Necessidade de unanimidade**: Os generais leais têm de chegar a um acordo unânime sobre a linha de ação. Mesmo um único general traidor que convença um general leal a desviar-se do consenso pode conduzir a um resultado desastroso. Neste cenário, é essencial que os generais leais cheguem a um acordo unânime sobre se devem atacar ou retirar. Um único general dissidente ou traidor, se suficientemente persuasivo, pode levar alguns generais a tomar uma decisão diferente do consenso, resultando num fracasso.

### 1.2.3 Soluções

Foram desenvolvidos vários algoritmos e protocolos para resolver o problema dos generais bizantinos na computação distribuída. Uma solução bem conhecida é o algoritmo **Byzantine Fault Tolerance (BFT)**.

Eis uma visão geral simplificada do funcionamento do BFT:

- **Comandante e Tenentes**: No algoritmo BFT, um general é designado como comandante e os outros são tenentes. O comandante inicia o processo de tomada de decisão.
- **Regra da maioria**: Os generais comunicam entre si através do envio de

mensagens. Para chegar a um consenso, os generais leais devem estar de acordo por maioria. Por exemplo, se houver 3 generais, 2 deles devem concordar com um plano.

- **Comunicação redundante**: Para garantir a fiabilidade, os generais trocam mensagens várias vezes. O comandante envia a mesma mensagem a todos os tenentes, e os tenentes partilham as mensagens recebidas uns com os outros.
- **Verificação**: Cada general verifica as mensagens recebidas dos outros. Se detetar discrepâncias ou informações contraditórias, pode concluir que o remetente dessas mensagens é traidor.
- **Chegar a um consenso**: Os comandantes e os tenentes continuam a comunicar e a trocar mensagens até chegarem a um consenso. Quando a maioria chega a acordo sobre um plano, todos o executam.

O BFT e algoritmos semelhantes garantem que, mesmo na presença de generais traidores e mensageiros não fiáveis, os generais leais podem chegar a um consenso e tomar uma decisão unificada, resolvendo assim o problema dos generais bizantinos. Estes algoritmos têm aplicações em sistemas distribuídos, na tecnologia blockchain e noutras áreas em que o consenso entre nós distribuídos é fundamental para a fiabilidade e a segurança.

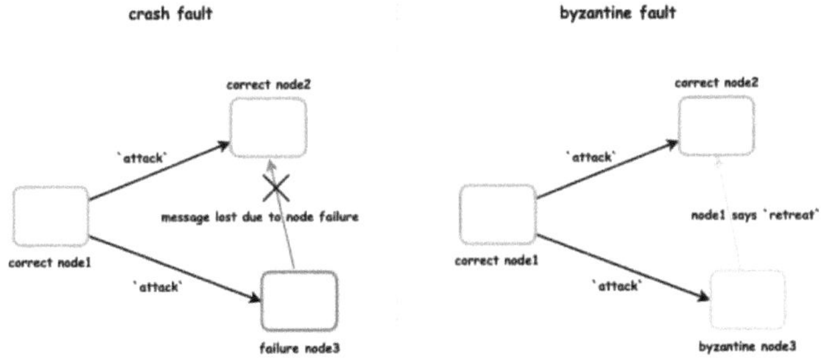


*Figura 1.4: Sistema de trabalho de colisão e falha bizantina*

## 1.3 Criptografia de chave pública

- A criptografia de chave pública é um método de encriptação ou assinatura de dados com duas chaves diferentes e que torna uma das chaves, a chave pública, disponível para ser utilizada por qualquer pessoa.
- A outra chave é conhecida como chave privada. Os dados encriptados com a chave pública só podem ser desencriptados com a chave privada.
- A criptografia de chave pública, também conhecida como criptografia assimétrica, é uma técnica criptográfica fundamental utilizada para proteger as comunicações, as assinaturas digitais e a encriptação de dados.
- Baseia-se na utilização de um par de chaves criptográficas: uma chave pública e uma chave privada, que estão matematicamente relacionadas mas têm objectivos diferentes.

### 1.3.1 Trabalhar e o seu conceito-chave

**- Geração de pares de chaves:**

**Chave pública:** Esta chave destina-se a ser partilhada abertamente e é utilizada para encriptação e verificação. É gerada a partir da chave privada através de um algoritmo matemático. Uma vez gerada, a chave pública pode ser distribuída livremente a qualquer pessoa.

**Chave privada:** Esta chave deve ser mantida em segredo e é utilizada para desencriptar e criar assinaturas digitais. É gerada juntamente com a chave pública, mas o seu carácter secreto é crucial para a segurança do sistema.

- **Encriptação:**

Quando alguém pretende enviar uma mensagem segura a outra pessoa, utiliza a chave pública do destinatário para encriptar a mensagem. Uma vez encriptada com a chave pública, a mensagem só pode ser desencriptada utilizando a chave privada correspondente, que apenas está na posse do destinatário pretendido. Isto garante a confidencialidade porque só o destinatário pode ler a mensagem.

Os algoritmos de encriptação comuns utilizados na criptografia de chave pública incluem o RSA (Rivest-Shamir-Adleman) e o ElGamal.

- **Desencriptação:**

O destinatário, que possui a chave privada correspondente à chave pública utilizada para a encriptação, pode desencriptar a mensagem.

A chave privada é matematicamente concebida para funcionar em conjunto com a chave pública, permitindo ao destinatário recuperar a mensagem original.

- **Assinaturas digitais:**

Na criptografia de chave pública, as assinaturas digitais são utilizadas para verificar a autenticidade e a integridade de uma mensagem ou documento. Para criar uma assinatura digital, o remetente utiliza a sua chave privada para encriptar um hash (um valor de tamanho fixo derivado do conteúdo) da mensagem ou documento. Isto cria uma assinatura única que só pode ser verificada utilizando a chave pública do remetente.

O destinatário da mensagem assinada digitalmente pode utilizar a chave pública do remetente para desencriptar a assinatura e verificar se esta corresponde ao hash da mensagem recebida. Se a assinatura for válida, confirma que a mensagem não foi adulterada e foi efetivamente assinada pelo detentor da chave privada.

- **Aplicações:**

A criptografia de chave pública desempenha um papel crucial na segurança da comunicação digital através da Internet. Por exemplo, o HTTPS (Hypertext Transfer Protocol Secure) utiliza a criptografia de chave pública para encriptar os dados trocados entre os navegadores Web e os servidores.

A comunicação segura por correio eletrónico, tal como implementada no PGP (Pretty Good Privacy) e no GPG (GNU Privacy Guard), baseia-se na criptografia de chave pública.

As carteiras digitais para criptomoedas utilizam criptografia de chave pública para proteger as transacções. Os utilizadores têm um par de chaves: um endereço público (utilizado para receber fundos) e uma chave privada (utilizada para assinar transacções).

A autenticação segura e a gestão da identidade digital utilizam a criptografia de chave pública para verificar a identidade de indivíduos e dispositivos.

***A criptografia de chave pública*** é uma pedra angular da cibersegurança moderna, fornecendo uma estrutura robusta para comunicação e autenticação seguras num mundo digital aberto e interligado. Os seus fundamentos matemáticos garantem que, embora a chave pública seja partilhada abertamente, a chave privada permanece um segredo bem guardado, permitindo encriptação e assinaturas digitais seguras.

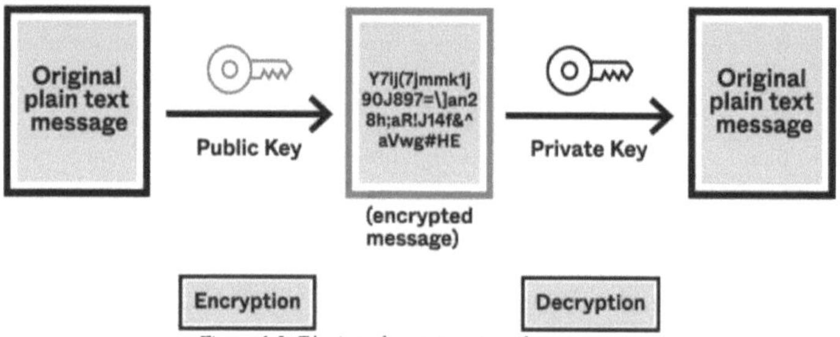


*Figura 1.5: Técnicas de encriptação e desencriptação*

## 1.4 Arrastamento

- O hashing desempenha um papel crucial na tecnologia de cadeia de blocos. É um conceito fundamental que contribui para a segurança, integridade e imutabilidade dos dados armazenados numa cadeia de blocos.
- O hashing é um processo de conversão de dados de entrada (também conhecidos como mensagem ou texto simples) numa cadeia de caracteres

de tamanho fixo, que é normalmente um número hexadecimal. Este resultado é designado por valor de hash ou simplesmente hash. As funções de hash são concebidas para receber uma entrada e produzir uma saída única, aparentemente aleatória, que se baseia nos dados de entrada.

*Figura 1.6: Hashing*

## 1.4.1 Como funciona o hashing na Blockchain?

- **Funções de hash:** No contexto da cadeia de blocos, uma função de hash é um algoritmo matemático que recebe uma entrada (dados de tamanho arbitrário) e produz uma cadeia de caracteres de tamanho fixo, que é o valor de hash. Algumas das funções de hash criptográficas mais utilizadas na cadeia de blocos incluem o SHA-256 (utilizado na Bitcoin) e o Keccak-256 (utilizado na Ethereum).

- **Integridade dos dados:** O Blockchain usa hashing para garantir a integridade dos dados dentro de cada bloco. Quando um bloco é criado, todas as transacções nele contidas, juntamente com alguns dados adicionais (como um carimbo de data/hora ou um número de bloco), são concatenadas e passadas através da função de hash. Este processo gera um valor de hash único para esse bloco. Se alguém alterar um único bit de dados no bloco, o hash resultante será completamente diferente, facilitando a deteção de adulterações.

- **Encadeamento de blocos:** Numa cadeia de blocos, cada bloco contém uma referência ao hash do bloco anterior. Essa referência é chamada de "hash anterior" ou "hash pai". Quando um novo bloco é criado, ele inclui o hash do bloco anterior em seus dados. Esta ligação de blocos através dos seus hashes cria uma cadeia de blocos, que é uma caraterística fundamental da tecnologia de cadeia de blocos. Garante a ordem cronológica e a imutabilidade das transacções.

- **Mineração e Prova de Trabalho (PoW):** Nas redes blockchain baseadas em PoW, como a Bitcoin, os mineiros competem para resolver um puzzle matemático complexo, encontrando um nonce (um número aleatório). Os mineiros alteram repetidamente este nonce até produzirem um valor hash que cumpra determinados critérios. Os critérios envolvem frequentemente ter um hash que começa com um número específico de zeros à esquerda. Este processo é conhecido como "encontrar uma prova de trabalho". Quando um mineiro encontra uma prova de trabalho válida, ele pode transmitir seu bloco para a rede. Isto adiciona o bloco à cadeia de blocos e é a base para alcançar o consenso na rede. O sistema PoW baseia-se na dificuldade computacional de encontrar esta prova de trabalho, tornando dispendiosa e demorada a criação de novos blocos. Também protege a rede ao tornar proibitivamente difícil para um atacante controlar a maior parte do poder computacional da rede.
- **Geração de endereços:** Os endereços de criptomoeda em sistemas de blockchain são frequentemente derivados da chave pública de um utilizador através de um processo chamado "hashing". A chave pública do utilizador é primeiro submetida a hashing para produzir um valor mais curto e de comprimento fixo conhecido como endereço. Este endereço é utilizado para enviar e receber criptomoedas. É importante salientar que a chave pública original permanece oculta, preservando a privacidade do utilizador.

***O hashing*** na blockchain é utilizado para a integridade dos dados, criando a cadeia de blocos, protegendo a rede através de PoW e gerando endereços de criptomoeda. É um conceito fundamental que sustenta a segurança e a funcionalidade da tecnologia blockchain, garantindo que os dados permaneçam à prova de adulteração e que a rede permaneça resistente a ataques.

### 1.4.2 Algoritmo de hashing

Os algoritmos de hashing são funções matemáticas que recebem uma entrada (ou "mensagem") e devolvem uma cadeia de caracteres de tamanho fixo, que é normalmente um número hexadecimal.

Estes algoritmos são concebidos para transformar eficazmente os dados de entrada num valor hash único.

No contexto da ciência dos computadores e da criptografia, os algoritmos de hashing têm várias propriedades importantes:

- **Determinístico:** A mesma entrada produzirá sempre o mesmo valor de hash. Esta propriedade é crucial para a integridade e consistência dos dados.
- **Computação rápida:** As funções de hash são concebidas para produzir um valor de hash rapidamente, mesmo para entradas grandes.
- **Comprimento de saída fixo:** Independentemente do tamanho ou comprimento dos dados de entrada, a função de hash produz um valor de hash de tamanho fixo. Por exemplo, o algoritmo SHA-256 produz sempre um valor de hash de 256 bits (32 bytes).
- **Resistência à pré-imagem:** Dado um valor de hash, deve ser computacionalmente inviável determinar a entrada original. Por outras palavras, deve ser difícil inverter a função de hash.
- **Resistência à colisão:** Deve ser extremamente improvável que duas entradas diferentes produzam o mesmo valor de hash. As colisões podem comprometer a segurança das funções de hash.
- **Efeito Avalanche:** Uma pequena alteração nos dados de entrada deve resultar num valor de hash significativamente diferente. Esta propriedade faz com que seja difícil prever o impacto das alterações na entrada.

Existem vários algoritmos de hashing amplamente utilizados, cada um com as suas próprias características e casos de utilização.

Alguns exemplos notáveis são:

- **SHA-256 (Secure Hash Algorithm 256-bit):** Esta função de hash criptográfico é normalmente utilizada em tecnologias de blockchain como a Bitcoin. Produz um valor de hash de 256 bits (32 bytes).
- **MD5 (Message Digest Algorithm 5):** O MD5 já foi muito utilizado, mas atualmente é considerado fraco devido a vulnerabilidades a ataques de colisão. Produz um valor de hash de 128 bits (16 bytes).
- **SHA-1 (Secure Hash Algorithm 1):** O SHA-1 também é considerado fraco devido a vulnerabilidades e está a ser gradualmente eliminado a favor de funções de hash mais fortes. Produz um valor de hash de 160 bits (20 bytes).
- **SHA-3 (Secure Hash Algorithm 3):** O SHA-3 faz parte da família Keccak de funções de hash e proporciona um elevado nível de segurança. Existe em várias versões de comprimento de bits, como SHA-3-256, SHA-3-512, etc.
- **bcrypt:** O Bcrypt é uma função de hash criptográfica concebida para fazer o hash de palavras-passe de forma segura. Inclui um salt (um valor aleatório) para proteger contra ataques de tabelas arco-íris.
- **Scrypt: Tal** como o bcrypt, o Scrypt foi concebido para o hashing seguro de palavras-passe. É computacionalmente intensivo e de memória difícil para resistir a ataques de força bruta e de dicionário.

A escolha de um ***algoritmo de hashing*** depende do caso de utilização específico e dos requisitos de segurança. Para aplicações seguras, é essencial utilizar funções de hash criptográficas bem testadas, como ***SHA-256*** ou ***SHA-3,*** enquanto algoritmos mais fracos, como ***MD5*** e ***SHA-1,*** devem ser evitados devido à sua suscetibilidade a ataques.

## 1.5 Sistemas distribuídos

- Um sistema distribuído é um conjunto de computadores independentes, interligados através de uma rede, capazes de colaborar numa tarefa.
- Um sistema distribuído no contexto da cadeia de blocos refere-se à infraestrutura subjacente e à rede de computadores que trabalham em conjunto para manter e validar o livro-razão da cadeia de blocos. A tecnologia blockchain depende de um sistema distribuído para alcançar seus princípios fundamentais de descentralização, transparência e segurança.
- Um sistema distribuído é uma rede de computadores ou nós interligados que funcionam em conjunto como um recurso informático unificado.
- Num sistema distribuído, as tarefas de processamento, o armazenamento de dados e a comunicação são distribuídos por vários nós, muitas vezes geograficamente dispersos. Estes nós colaboram para atingir um objetivo comum, como a resolução de um problema complexo, a prestação de um serviço ou a gestão de dados.
- Os sistemas distribuídos são concebidos para melhorar o desempenho, a fiabilidade e a escalabilidade, tirando partido do poder computacional combinado e da redundância de vários nós.

### 1.5.1 Aspectos fundamentais de um sistema distribuído na cadeia de blocos

**a) Descentralização**

- **Papel da descentralização**: A descentralização na cadeia de blocos refere-se à ausência de uma autoridade ou controlo central na rede. Em vez de depender de uma única entidade (como um banco ou governo), a cadeia de blocos distribui o poder e a tomada de decisões entre uma rede de nós (computadores). Isto garante que nenhuma entidade individual tem a capacidade de manipular ou controlar as transacções ou os dados da rede.

- **Benefícios da descentralização**: A descentralização oferece várias vantagens, incluindo:

  - **Resistência à censura**: As transacções não podem ser censuradas ou bloqueadas por uma autoridade central.
  - **Minimização da confiança**: Os utilizadores não precisam de confiar numa única entidade; confiam na rede descentralizada.
  - **Segurança aprimorada**: A descentralização torna mais difícil para os actores maliciosos atacarem a rede.
  - **Disponibilidade**: A rede mantém-se operacional mesmo que alguns nós falhem ou fiquem offline.

- **Desafios da descentralização**: Embora a descentralização ofereça muitos benefícios, ela também traz desafios, tais como:

  - **Escalabilidade**: Pode ser um desafio escalar uma rede descentralizada enquanto se mantém a sua integridade.
  - **Consumo de energia**: Alguns mecanismos de consenso, como o Proof of Work, podem consumir muita energia.
  - **Governação**: As redes descentralizadas requerem frequentemente mecanismos para a tomada de decisões e actualizações de protocolos, que podem ser complexos.

**b) Mecanismo de consenso**

- **Prova de Trabalho (PoW):** No PoW, os nós (mineiros) competem para resolver puzzles matemáticos complexos. O primeiro a resolvê-lo obtém o direito de criar um novo bloco de transacções. Este processo consome muitos recursos e exige que os mineiros efectuem trabalho computacional, o que o torna seguro mas consome muita energia.
- **Proof of Stake (PoS): O** PoS funciona de forma diferente, sendo os validadores escolhidos para criar novos blocos com base na quantidade de criptomoeda que

"apostam" como garantia. O PoS é eficiente em termos energéticos, mas depende do incentivo económico dos validadores para não agirem de forma maliciosa.

**Prova de participação delegada (DPoS):** A DPoS simplifica ainda mais o consenso, permitindo que um número limitado de validadores de confiança crie blocos. A DPoS é conhecida pela sua escalabilidade e eficiência.

### c) Rede peer-to-peer (P2P)

- **Rede P2P em Blockchain**: Na blockchain, uma rede P2P consiste em nós (peers) que comunicam diretamente entre si, sem depender de servidores centrais. Cada nó tem o mesmo estatuto, e colaboram para manter a rede.
- **Vantagens das redes P2P**: As redes P2P oferecem:
    - **Tolerância a falhas**: Não existe um ponto único de falha; se um nó cair, os outros continuam a funcionar.
    - **Resistência à censura**: Difícil de censurar ou encerrar, uma vez que não existe uma entidade central a que se possa dirigir.
    - **Resiliência**: Robustez face a perturbações ou ataques à rede.
- **Segurança P2P**: As redes P2P aumentam a segurança ao eliminarem os alvos centrais. Os dados são distribuídos por vários nós, o que torna difícil para os actores maliciosos comprometerem a integridade da rede.

### d) Replicação e consistência de dados

- **Replicação de dados**: Na cadeia de blocos, os dados são replicados em vários nós. Cada nó mantém uma cópia de todo o registo, garantindo a disponibilidade e redundância dos dados.
- **Modelos de consistência**: As cadeias de blocos utilizam vários modelos de consistência, como a consistência eventual ou a consistência forte, para garantir que todos os nós acabam por concordar com o estado do registo. A consistência

eventual permite inconsistências temporárias para acomodar a latência da rede, enquanto a consistência forte garante um acordo imediato.

**e) Tolerância a falhas**

- **Mecanismos de tolerância a falhas:** Os sistemas de cadeia de blocos utilizam várias técnicas, tais como redundância (duplicação de dados entre nós), validação de dados (garantindo a integridade dos dados) e algoritmos de consenso para manter a tolerância a falhas. Estes mecanismos garantem que a rede continua a funcionar mesmo que alguns nós tenham problemas.

**f) Segurança**

- **Criptografia em Blockchain**: A criptografia é fundamental para a segurança da cadeia de blocos. Envolve técnicas como as assinaturas digitais para verificar a autenticidade das transacções e dos participantes, bem como a encriptação para proteger os dados durante a transmissão.
- **Controlo de acesso**: A Blockchain utiliza chaves públicas e privadas para controlar o acesso a activos e dados. As chaves públicas servem como endereços, enquanto as chaves privadas garantem a propriedade e o controlo.

**g) Interoperabilidade**

- **Normas de interoperabilidade**: A interoperabilidade na cadeia de blocos é conseguida através de normas e protocolos que permitem que os activos e os dados circulem sem problemas entre diferentes cadeias de blocos ou redes.

**h) Escalabilidade**

- **Desafios de escalabilidade**: As redes de blockchain enfrentam desafios de escalabilidade à medida que crescem. A taxa de transferência de transacções pode tornar-se um estrangulamento, e blocos de maiores dimensões podem prejudicar o desempenho da rede.

- **Soluções de escalabilidade**: Soluções como sharding (divisão da rede em partes mais pequenas), sidechains (cadeias paralelas) e soluções de camada 2 (escalonamento fora da cadeia) são utilizadas para enfrentar estes desafios e aumentar a capacidade da rede.

## i) Topologia de rede

- **Topologias de rede de cadeias de blocos**: Diferentes blockchains usam várias topologias de rede, como totalmente conectadas (nós se conectam a muitos pares), hierárquicas (estruturadas em camadas) ou em malha (cada nó se conecta a todos os outros nós). A escolha da topologia depende dos requisitos da rede.

## j) Mecanismo de incentivo

- **Recompensas de mineração**: Mecanismos de incentivo, como recompensas de mineração ou recompensas de staking, motivam os participantes a contribuir com recursos ou apostar em criptomoedas para proteger a rede. Isto garante que a rede tem um conjunto robusto e ativo de participantes.

## k) Governação

- **Governação descentralizada**: Mecanismos de governação descentralizada, muitas vezes envolvendo detentores de tokens ou validadores, permitem a tomada de decisões sobre actualizações de protocolos, alterações de parâmetros e outras decisões relacionadas com a rede. Garante que o poder de governação é distribuído pela rede.

## l) Ledger imutável

- **Imutabilidade na Blockchain**: A imutabilidade da Blockchain é conseguida através de hashing criptográfico. Cada bloco contém uma referência (hash) ao bloco anterior, criando uma cadeia de blocos segura e imutável. Uma vez que os dados são registados na cadeia de blocos, torna-se quase impossível alterá-los ou eliminá-los, garantindo a integridade e a confiança dos dados.

## 1.6 Consenso distribuído

- O consenso distribuído é um conceito fundamental na tecnologia blockchain, uma vez que permite que vários nós de uma rede cheguem a acordo sobre o estado de um registo partilhado sem a necessidade de uma autoridade central.
- O consenso distribuído na cadeia de blocos refere-se ao processo pelo qual uma rede de nós descentralizados ou participantes num sistema de cadeia de blocos chega a um acordo sobre a validade e a ordem das transacções ou dados de uma forma descentralizada e sem confiança.
- É um aspeto fundamental da tecnologia blockchain e garante que todos os nós da rede mantêm um registo consistente e à prova de adulteração.

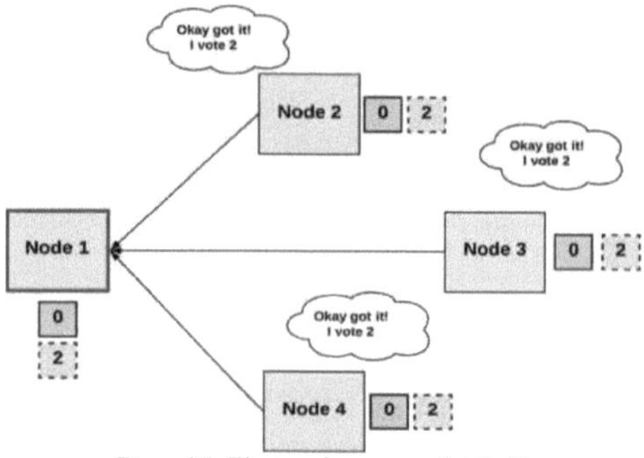


*Figura 1.7: Técnicas de consenso distribuído*

### 1.6.1 Principais propriedades dos mecanismos de consenso

- **Descentralização:** A descentralização nos mecanismos de consenso significa que nenhuma entidade ou autoridade única tem controlo sobre a rede. Em vez disso, as decisões são tomadas coletivamente por um conjunto distribuído de nós. A descentralização aumenta a confiança porque elimina a necessidade de depender de uma autoridade central.
- **Segurança:** A segurança é uma propriedade fundamental dos mecanismos de consenso. Estes devem ser concebidos para resistir a vários ataques, incluindo ataques de duplo gasto, ataques Sybil e ataques de 51%. A segurança de um

mecanismo de consenso garante a fiabilidade da rede blockchain.

- **Imutabilidade:** Imutabilidade significa que uma vez que uma transação é adicionada à cadeia de blocos, torna-se extremamente difícil alterá-la ou apagá-la. Esta propriedade é conseguida através de técnicas criptográficas e mecanismos de consenso, garantindo que os dados históricos permanecem à prova de adulteração.
- **Escalabilidade:** A escalabilidade refere-se à capacidade de um mecanismo de consenso e da rede blockchain subjacente para lidar com um número crescente de transacções e participantes. Conseguir a escalabilidade é essencial para a adoção generalizada da tecnologia de cadeia de blocos.

### 1.6.2 Mecanismos comuns de consenso

**a) Prova de Trabalho (PoW):**

- **Detalhes do algoritmo:** O PoW requer que os mineiros resolvam puzzles computacionalmente intensivos para validar transacções e criar novos blocos. O primeiro mineiro a resolver o puzzle ganha o direito de adicionar o próximo bloco à cadeia de blocos.
- **Prós e contras:** O PoW é altamente seguro, mas consome muita potência computacional e energia, o que o torna um recurso intensivo.

**b) Proof of Stake (PoS):**

- **Seleção de validadores:** O PoS baseia-se em validadores que são escolhidos para criar blocos e validar transacções com base no número de tokens de criptomoeda que "apostam" como garantia.
- **Vantagens:** O PoS é eficiente em termos energéticos em comparação com o PoW e incentiva os validadores a agirem honestamente para protegerem os seus activos apostados.

**c) Prova de participação delegada (DPoS):**

- **Sistema de delegados:** A DPoS introduz um sistema de delegados em que um número limitado de nós é eleito para validar transacções e produzir blocos. Estes delegados revezam-se na produção de blocos.

- **Velocidade vs. Descentralização:** A DPoS oferece tempos de confirmação de transação mais rápidos, mas é criticada por ser potencialmente mais centralizada devido ao processo de seleção de delegados.

d) **Prova de autoridade (PoA):**

- **Validadores de confiança:** A PoA assenta num conjunto de validadores ou autoridades de confiança que são responsáveis pela validação das transacções e pela manutenção da cadeia de blocos.
- **Casos de uso:** O PoA é frequentemente utilizado em cadeias de blocos privadas ou de consórcio em que a confiança entre os participantes é estabelecida.

e) **Tolerância prática a falhas bizantinas (PBFT):**

- **Tolerância a falhas bizantinas:** O PBFT centra-se na obtenção de consenso de uma forma tolerante a falhas bizantinas, mesmo quando uma parte dos nós se comporta de forma maliciosa.
- **Velocidade:** O PBFT é conhecido pelos seus tempos de confirmação de transação rápidos e é normalmente utilizado em cadeias de blocos autorizadas.

### 1.6.3 Escolher os mecanismos de consenso correctos

- **Considerações sobre casos de uso:** A escolha do mecanismo de consenso deve estar alinhada com o caso de uso específico da blockchain. As cadeias de blocos públicas e sem permissão inclinam-se frequentemente para PoW ou PoS, enquanto as cadeias de blocos privadas podem favorecer PoA.
- **Segurança vs. Escalabilidade:** Dependendo dos requisitos do projeto, os programadores devem ponderar os compromissos entre segurança e

escalabilidade. O PoW dá prioridade à segurança, mas pode ser menos escalável, enquanto o PoS procura um equilíbrio.

- **Impacto ambiental: O** consumo de energia do PoW suscitou preocupações ambientais. O PoS e o PoA são considerados alternativas mais ecológicas com menores necessidades energéticas.
- **Governação e tomada de decisões:** O mecanismo de consenso pode influenciar as estruturas de governação numa rede de cadeias de blocos, afectando os processos de tomada de decisão e as actualizações da rede.

### 1.6.4 Mecanismos de consenso híbridos

- Os mecanismos de consenso híbrido referem-se a uma combinação de dois ou mais algoritmos ou abordagens de consenso diferentes numa única rede blockchain.
- Estes mecanismos foram concebidos para tirar partido dos pontos fortes de cada método de consenso individual, atenuando simultaneamente os respectivos pontos fracos. Ao fazê-lo, os mecanismos de consenso híbrido visam alcançar um equilíbrio entre vários factores, como a segurança, a escalabilidade, a descentralização e a eficiência energética nos sistemas de cadeia de blocos.

Os pontos-chave na definição de mecanismos de consenso híbridos incluem:

- **Combinação de métodos**: Os mecanismos de consenso híbridos integram dois ou mais algoritmos ou estratégias de consenso na mesma rede de cadeias de blocos. Esta combinação pode envolver abordagens tradicionais e novas para obter um acordo entre os participantes da rede.
- **Otimização dos pontos** fortes: O objetivo do consenso híbrido é otimizar os pontos fortes de cada método de consenso, minimizando os seus pontos fracos. Por exemplo, pode combinar a segurança da prova de trabalho (PoW)

com a eficiência energética da prova de participação (PoS).

- **Soluções sob medida**: O consenso híbrido permite que os desenvolvedores de blockchain adaptem o mecanismo de consenso aos requisitos específicos da rede ou do caso de uso. Esta adaptabilidade torna possível abordar desafios e compromissos únicos em diferentes aplicações de cadeia de blocos.
- **Melhoria do desempenho**: Ao utilizar uma combinação de métodos, os mecanismos híbridos de consenso podem melhorar o desempenho e a escalabilidade das redes blockchain, tornando-as adequadas para uma gama mais ampla de aplicações e volumes de transação.
- **Mitigação dos riscos**: Pode reduzir o risco associado aos mecanismos de consenso único. Por exemplo, num sistema híbrido PoW/PoS, se um atacante conseguisse acumular uma quantidade significativa de poder computacional (ataque de 51%) para manipular a cadeia de blocos, teria também de controlar uma participação significativa da moeda criptográfica da rede para ter êxito, o que é normalmente mais difícil de conseguir.
- **Mudança de consenso**: Os mecanismos híbridos de consenso podem permitir que a rede de cadeias de blocos alterne entre diferentes métodos de consenso de forma dinâmica ou através de decisões de governação, adaptando-se às condições ou requisitos variáveis da rede.
- **Exemplos**: Alguns exemplos de mecanismos de consenso híbridos incluem a fusão de Bitcoin (combinando PoW com cadeias PoW auxiliares), sistemas de Prova de Participação Delegada (DPoS) com verificações de consenso adicionais e várias plataformas de cadeias de blocos autorizadas que utilizam uma combinação de algoritmos de consenso para diferentes fins.

Os mecanismos de consenso híbridos são particularmente valiosos em situações em que nenhuma abordagem de consenso única pode responder a todos os requisitos ou em que uma rede de cadeias de blocos precisa de evoluir. Proporcionam flexibilidade e adaptabilidade, ao mesmo tempo que procuram encontrar um equilíbrio entre as várias soluções de compromisso inerentes aos algoritmos de consenso da cadeia de blocos.

## Perguntas

1. Explicar em pormenor a visão geral da cadeia de blocos.
2. Explicar em pormenor o conceito do problema da dupla despesa.
3. Explicar o Problema de Computação Geral Bizantina com a sua solução de Tolerância a Falhas Bizantina.
4. O que é que entende por criptografia de chave assimétrica?
5. Explicar o hashing.
6. Escreva a diferença entre sistemas centralizados, descentralizados e distribuídos.
7. Qual é o mecanismo de consenso na cadeia de blocos?

# Capítulo 2: Pilha de tecnologia

## 2.1 Cadeia de blocos

- Uma cadeia de blocos é um livro-razão em constante crescimento que mantém um registo permanente de todas as transacções que ocorreram de forma segura, cronológica e imutável.
- Vamos analisar a definição,

**Livro de registos:** É um ficheiro que está em constante crescimento.

**Permanente:** Quando a transação entra numa cadeia de blocos, pode ser colocada permanentemente no livro-razão.

**Seguro:** A cadeia de blocos coloca a informação de forma segura. Utiliza criptografia muito avançada para garantir que a informação está bloqueada dentro da cadeia de blocos.

**Cronológica:** Cronológico significa que cada transação ocorre após a anterior.

**Imutável:** Uma vez que todas as transacções são incorporadas na cadeia de blocos, este livro-razão nunca pode ser alterado.

- Uma cadeia de blocos (blockchain) é uma cadeia de blocos que contém informações. Cada bloco regista todas as transacções recentes e, uma vez concluído, passa para a cadeia de blocos como uma base de dados permanente. Cada vez que um bloco é completado, é gerado um novo bloco.

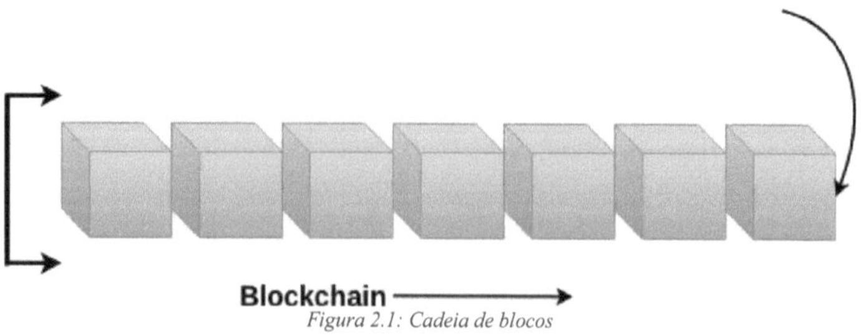


*Figura 2.1: Cadeia de blocos*

- A Blockchain é uma tecnologia de registo digital distribuída e descentralizada que regista transacções em vários computadores de forma a garantir a segurança, a transparência e a imutabilidade dos dados.

- Foi originalmente desenvolvida como a tecnologia subjacente à moeda criptográfica Bitcoin, mas desde então tem encontrado aplicações em vários sectores para além do financeiro.

### 2.1.1 Como funciona a cadeia de blocos?

A tecnologia Blockchain funciona através de uma combinação de estruturas de dados, técnicas criptográficas e mecanismos de consenso para criar uma forma segura e transparente de registar e verificar transacções ou dados.

Uma explicação simplificada do funcionamento de uma cadeia de blocos típica:

- **Estrutura de dados:** Na sua essência, uma cadeia de blocos é uma cadeia de blocos, em que cada bloco contém um conjunto de transacções ou dados. Cada bloco está ligado ao anterior, formando uma cadeia cronológica.
- **Transacções:** As transacções são as unidades fundamentais de dados numa cadeia de blocos. Estas transacções podem representar vários tipos de dados, como transacções financeiras no caso de criptomoedas como a Bitcoin, ou qualquer outro tipo de informação, incluindo contratos, registos de identidade, entre outros.
- **Rede descentralizada:** As cadeias de blocos funcionam numa rede de computadores (nós) que podem estar localizados em qualquer parte do mundo. Cada nó mantém uma cópia de todo o livro-razão do blockchain. Esta descentralização garante que não existe um ponto único de controlo ou falha.
- **Verificação e consenso:** Quando um participante na rede inicia uma transação, esta é transmitida a todos os nós da rede. Os nós verificam então a validade da transação, garantindo que o remetente tem os fundos necessários ou a autoridade para efetuar a transação.
- **Criar um bloco:** As transacções válidas são agrupadas num bloco. Antes de

um bloco ser adicionado à cadeia de blocos, deve passar por um mecanismo de consenso, que é um conjunto de regras que determinam como o acordo é alcançado entre os nós. Os mecanismos de consenso comuns incluem Prova de Trabalho (PoW) e Prova de Participação (PoS).

- **Prova de trabalho (PoW):** No PoW, os nós, conhecidos como mineiros, competem para resolver um puzzle matemático complexo. O primeiro a resolvê-lo ganha o direito de adicionar o próximo bloco à cadeia de blocos. Este processo consome muita energia e requer um poder computacional significativo.
- **Proof of Stake (PoS):** No PoS, os validadores são escolhidos para criar o bloco seguinte com base no número de moedas que detêm e que estão dispostos a "apostar" como garantia. O PoS é considerado mais eficiente em termos energéticos do que o PoW.
- **Adicionar um bloco:** Quando se chega a um consenso, o nó escolhido cria um novo bloco, incluindo uma referência ao bloco anterior (daí o termo "blockchain"). Esta referência, conhecida como hash, garante a integridade e a continuidade da cadeia de blocos. Uma vez criado, o novo bloco é adicionado à cadeia, e os dados da transação são considerados confirmados e imutáveis.
- **Segurança e criptografia:** Técnicas criptográficas, como hashing e assinaturas digitais, são usadas para proteger os dados dentro de cada bloco e para ligar os blocos entre si. Os hashes são representações únicas dos dados, e qualquer alteração nos dados resultaria num hash completamente diferente. Esta propriedade torna extremamente difícil que alguém altere o conteúdo de um bloco sem ser detectado.
- **Ledger imutável:** Assim que um bloco é adicionado à cadeia de blocos, torna-se extremamente difícil alterar ou eliminar os dados nele contidos. Qualquer tentativa de adulteração de um bloco exigiria o consenso da maioria da rede, tornando-o altamente seguro e resistente a fraudes.
- **Transparência:** O livro-razão, incluindo todas as transacções, é visível para

qualquer pessoa na rede. Esta transparência aumenta a confiança e a responsabilidade.

- **Contratos inteligentes (opcional):** Algumas cadeias de blocos, como a Ethereum, suportam contratos inteligentes. Estes são contratos auto-executáveis com regras e condições predefinidas que são executadas automaticamente quando determinados critérios são cumpridos.

### 2.1.2 Quem utiliza a cadeia de blocos?

- A tecnologia Blockchain pode ser integrada em vários domínios.

- A principal utilização das cadeias de blocos é como livro-razão distribuído para as moedas criptográficas.

- Revela-se muito promissor numa vasta gama de aplicações comerciais, como a banca, as finanças, a administração pública, os cuidados de saúde, os seguros, os meios de comunicação social e o entretenimento, o comércio retalhista, etc.

### 2.1.3 Necessidade da cadeia de blocos

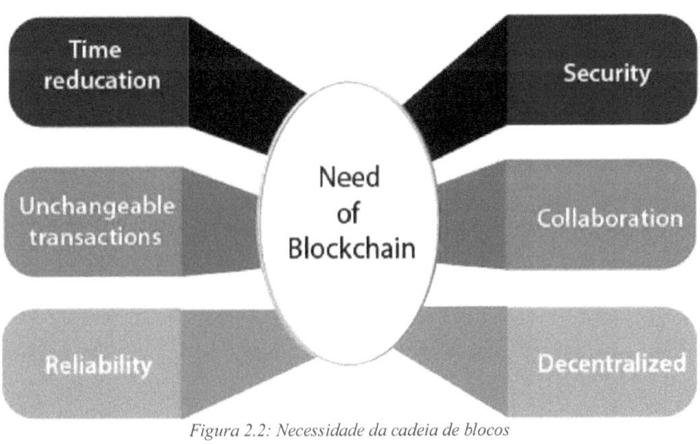


*Figura 2.2: Necessidade da cadeia de blocos*

A tecnologia Blockchain tornou-se popular devido aos seguintes factores:

- **Redução do tempo:** No sector financeiro, a cadeia de blocos pode permitir uma liquidação mais rápida das transacções. Não é necessário um processo moroso de verificação, liquidação e apuramento. Isto deve-se a uma versão única dos dados acordados e disponíveis entre todas as partes interessadas.

- **Transacções inalteráveis:** A Blockchain regista as transacções numa ordem cronológica que certifica a inalterabilidade de todas as operações, o que significa que quando um novo bloco é adicionado à cadeia de registos, não pode ser removido ou modificado.

- **Fiabilidade:** A cadeia de blocos certifica e verifica as identidades de cada parte interessada. Isto elimina a duplicação de registos, reduz as taxas e acelera as transacções.

- **Segurança:** A cadeia de blocos utiliza uma criptografia muito avançada para garantir que a informação está bloqueada dentro da cadeia de blocos. Utiliza a tecnologia Distributed Ledger, em que cada parte detém uma cópia da cadeia original, pelo que o sistema permanece operacional, mesmo que um grande número de outros nós caia.

- **Colaboração:** Permite que cada parte transaccione diretamente entre si sem necessitar de um terceiro intermediário.

- **Descentralizado:** É descentralizada porque não existe uma autoridade central a supervisionar nada. Existem normas e regras sobre como cada nó troca as informações da cadeia de blocos. Este método garante que todas as transacções são validadas e que todas as transacções válidas são adicionadas uma a uma.

## 2.2 Protocolo

- Os protocolos são um conjunto de regras que permitem a partilha de dados na rede.

- Trata-se de um conjunto de directrizes que facilitam o intercâmbio de informações de uma forma simples, eficiente e segura.

- Máquinas diferentes utilizam hardware e software diferentes, mas os protocolos ajudam na comunicação, independentemente da diferença.

- Os protocolos desempenham um papel muito importante, pois ajudam a monitorizar e a proteger uma rede informática.

Um protocolo blockchain é um conjunto de regras e procedimentos que regem o funcionamento de uma rede blockchain. A cadeia de blocos é uma tecnologia de registo distribuído que está na base de criptomoedas como a Bitcoin, mas tem muitas outras aplicações potenciais para além das moedas digitais. O protocolo define a forma como as transacções são validadas, registadas e adicionadas à cadeia de blocos, garantindo a segurança, a transparência e o consenso entre os participantes na rede.

### 2.2.1 Porque é que a Blockchain precisa de um protocolo?

Uma cadeia de blocos é uma cadeia de blocos em que cada bloco é utilizado para armazenar informações e cada bloco está associado a um endereço único em termos de hash.

É um livro-razão distribuído e descentralizado que armazena dados como transacções e é partilhado publicamente por todos os nós presentes na rede.

Ledger significa o registo principal que contém a lista de registos de transacções e distribuído significa que cada máquina está ligada entre si.

Assim, não há envolvimento de qualquer autoridade central ou intermediários, o que satisfaz a propriedade da descentralização.

Mas para manter a forma como os dados são transferidos através das redes de uma forma segura, é necessário um conjunto de protocolos.

Uma vez que as cadeias de blocos são utilizadas para transacções, os protocolos desempenham um papel muito importante na partilha de dados, de modo a manter a segurança das redes de criptomoedas.

### 2.2.2 O que é o protocolo Blockchain?

Os protocolos da cadeia de blocos são um conjunto de protocolos utilizados para gerir a rede de cadeias de blocos. As regras definem a interface da rede, a interação entre os computadores, os incentivos, o tipo de dados, etc.

Os protocolos têm por objetivo abordar os quatro princípios:

- **Segurança:** Os protocolos mantêm a segurança de toda a rede criptográfica. Uma vez que a rede envolve a transferência de dinheiro, os protocolos definem a estrutura dos dados e também os protegem de utilizadores maliciosos.
- **Descentralização:** A Blockchain é uma rede descentralizada. Não há envolvimento de nenhuma autoridade central. Assim, os protocolos autorizam toda a rede.
- **Consistência:** Sempre que ocorre uma transação, os protocolos actualizam toda a base de dados em cada passo, para que cada utilizador esteja a par de toda a rede criptográfica.
- **Escalabilidade:** A escalabilidade significa um aumento do número de transacções. Anteriormente, a escalabilidade era um problema na cadeia de blocos. Mas, hoje em dia, a maioria dos protocolos lida com a questão do aumento do número de transacções na rede e da adição de nós à rede.

Cada transação é verificada pelos programadores e armazenada de modo a que cada indivíduo possa ter acesso à transação e os protocolos ajudam a manter esta transparência.

### 2.2.3 Como funciona o protocolo Blockchain?

Suponhamos que existe uma transação entre dois indivíduos A e B.

- O indivíduo A faz um pedido para efetuar uma transação. É criado um bloco para "A". Uma vez criado, este bloco não pode ser alterado. Isto é feito pelo protocolo da cadeia de blocos.
- Depois disso, o bloco é enviado para cada um dos elementos da rede. Esta distribuição de blocos pela rede também é efectuada por protocolos.
- Os nós verificam a transação.

- Após a verificação, é enviada uma recompensa a cada nó. O envio de incentivos também é gerido pelo protocolo. Após uma transação bem sucedida, o bloco é adicionado à lista. Os protocolos actualizam a base de dados. A base de dados actualizada é distribuída na rede pelos protocolos, de modo a que cada utilizador tenha acesso ao resumo de toda a rede.

- Depois disso, a transação está concluída.

- Assim, existe o envolvimento de protocolos em cada passo para uma transação segura. Por conseguinte, toda a rede criptográfica é segura, escalável e consistente.

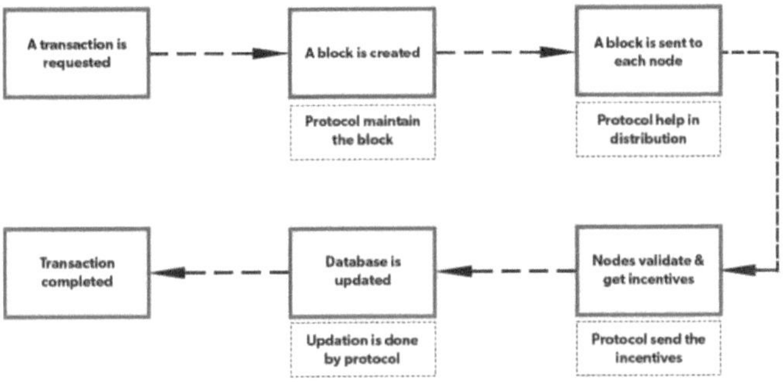


*Figura 2.3: Funcionamento do protocolo Blockchain*

### 2.2.4 Porque é que o protocolo Blockchain é importante para a criptografia?

Os protocolos Blockchain são a espinha dorsal da criptomoeda. A criptomoeda é uma cadeia de dados encriptada que tem algum valor monetário.

- Os protocolos são componentes cruciais que facilitam a transferência de dados de forma segura. Na cadeia de blocos, não há envolvimento do governo, de uma autoridade central ou de um intermediário. Assim, para governar toda a rede, é necessário um conjunto de regras.

- Os protocolos ajudam a estabelecer toda a estrutura para que a moeda digital seja trocada de forma segura.

- Os protocolos Blockchain permitem aos utilizadores gerir os dados. Atualmente, muitas redes de criptomoedas permitem que os utilizadores tenham carteiras digitais.

- Os serviços como as transacções e o pagamento de todos os serviços são geridos por protocolos.

- Muitos protocolos permitem aos indivíduos efetuar transacções financeiras sem o envolvimento

dos bancos.

- Permitem igualmente evitar a duplicação de despesas.

As cadeias de blocos estão a evoluir de dia para dia e os protocolos também estão a evoluir a um ritmo acelerado. Todos os sectores, incluindo a cadeia de abastecimento, a saúde, as finanças, etc., estão a utilizar uma solução de cadeia de blocos baseada em protocolos.

### 2.2.4 Principais tipos de protocolos Blockchain

1. **Hyperledger:** É uma estrutura de código aberto desenvolvida pela Linux. Ajuda as empresas a fornecer soluções de cadeia de blocos e a criar um protocolo de cadeia de blocos seguro. Foi desenvolvido no ano de 2015. Permite transacções comerciais internacionais. Suporta Python e existem muitas bibliotecas que ajudam no desenvolvimento de software. O principal objetivo é fornecer orientações universais para a implementação da cadeia de blocos.

   **Vantagens:**

   - Oferece serviços melhorados devido às ferramentas e à presença de um grande número de bibliotecas.
   - É de código aberto, pelo que qualquer pessoa pode contribuir.

- Ajuda nas transacções internacionais.

**Desvantagens:**

- Há falta de casos de utilização, bem como de programadores qualificados.
- Não é uma rede tolerante a falhas.

2. **Quorum:** É outro protocolo de blockchain empresarial que visa resolver os problemas relacionados com as finanças. É um projeto de código aberto associado ao Ethereum. Foi desenvolvido pela JP Morgan. Pode mudar a forma como as empresas financeiras funcionam e implementam a cadeia de blocos. É de código aberto e hoje em dia tornou-se uma das melhores estruturas de blockchain para empresas.

**Vantagens:**

- Tem a capacidade de resolver qualquer questão financeira
- É uma estrutura de código aberto
- Proporciona um melhor desempenho e uma melhor experiência de transação

**Desvantagens:**

- Falta de escalabilidade
- Falta de segurança e privacidade

3. **Corda:** Trata-se de um protocolo empresarial. É gerido pelo consórcio bancário R3. Este protocolo é útil no domínio das organizações bancárias e financeiras. Utiliza algoritmos de consenso para manter a transparência e a segurança. É também uma estrutura de código aberto. Permite a construção de redes blockchain interoperáveis com uma privacidade rigorosa.

**Vantagens:**

- Proporciona uma segurança reforçada.

- É estável e escalável

**Desvantagens:**

- Não é muito flexível, uma vez que apenas as partes envolvidas na transação podem participar na decisão.

4. **Empresa Ethereum:** É um dos protocolos públicos do conjunto de blockchain. Define a plataforma para aplicações descentralizadas. É a blockchain de eleição para programadores e empresas, que estão a criar tecnologia com base nela para mudar a forma como muitas indústrias operam. No entanto, para redes privadas autorizadas, é utilizado o Ethereum empresarial. É usado principalmente para privacidade, escalabilidade e desempenho aprimorado.

**Vantagens:**

- É uma versão melhorada do Ethereum e, por isso, suporta mais privacidade.

- É escalável.

**Desvantagens:**

- É volátil e tem taxas de transação elevadas.

- É suscetível de ser pirateado em linha.

5. **Multichain:** Multichain é um código aberto e foi criado para redes privadas de blockchain. Foi desenvolvido para ajudar as empresas com fins lucrativos. Permite a criação de uma rede blockchain privada. É uma empresa privada que oferece API para o desenvolvimento de Blockchain. É um protocolo de encaminhamento entre cadeias. Permite aos utilizadores trocar fichas entre diferentes cadeias de blocos utilizando uma ponte.

**Vantagens:**

- Ajuda a criar cadeias de blocos privadas que podem ser utilizadas por determinadas organizações.

- O Multichain permite personalizar regras para tokens, controlo de transacções, etc.

**Desvantagens:**

- Não suporta contratos inteligentes.

## 2.3 Moeda

- A moeda blockchain, também conhecida como criptomoeda, pode ser definida como um tipo de moeda digital ou virtual que utiliza a tecnologia blockchain para a sua criação, segurança e gestão.

Eis uma definição concisa:

- A moeda blockchain é uma forma descentralizada e digital de dinheiro que se baseia em técnicas criptográficas e num livro-razão distribuído chamado blockchain para permitir transacções seguras, transparentes e peer-to-peer sem a necessidade de uma autoridade central, como um governo ou um banco central.
- Esta definição engloba as principais características das moedas de cadeia de blocos, incluindo a descentralização, a segurança através da criptografia, a transparência e a utilização da tecnologia de cadeia de blocos como infraestrutura subjacente. Exemplos de moedas de cadeia de blocos incluem a Bitcoin (BTC), a Ethereum (ETH) e muitas outras, cada uma com as suas características e casos de utilização únicos.

### 2.3.1 Principais componentes da moeda de cadeia de blocos

Uma pilha de tecnologia de moeda blockchain é composta por várias camadas e componentes que trabalham em conjunto para permitir a criação, gestão e transacções seguras de moedas digitais.

Eis os principais componentes de uma pilha de tecnologia de moeda de cadeia de blocos:

a) **Algoritmos criptográficos:**

**Par de chaves públicas e privadas:** Os utilizadores geram um par de chaves criptográficas - uma chave pública para receber tipos e uma privada para autorizar transacções e aceder aos tipos de forma segura.

**Funções Hash:** As funções de hash criptográficas são usadas para criar representações de tamanho fixo de dados, garantindo a integridade e a segurança dos dados na blockchain.

b) **Rede Blockchain:**

**Protocolo de Blockchain:** As regras subjacentes e o mecanismo de consenso que regem a rede blockchain (por exemplo, Proof of Work ou Proof of Stake).

**Nós:** Computadores ou servidores que participam na rede, validando transacções e mantendo uma cópia da cadeia de blocos.

**Estrutura de dados da cadeia de blocos:** A cadeia de blocos que contém transacções, com cada bloco ligado ao anterior, formando um livro-razão imutável.

c) **Contratos inteligentes:**

**Linguagem de contrato inteligente:** Uma linguagem de programação (por exemplo, Solidity para Ethereum) utilizada para escrever contratos auto-executáveis que automatizam acções quando são cumpridas condições predefinidas.

**Plataforma de contratos inteligentes:** A plataforma de blockchain (por exemplo, Ethereum) que suporta a execução de contratos inteligentes.

d) **Mecanismo de consenso:**

**Proof of Work (PoW) ou Proof of Stake (PoS):** O método pelo qual as transacções são verificadas, adicionadas à cadeia de blocos e são criados novos blocos. O PoW depende do poder computacional, enquanto o PoS depende da propriedade da criptomoeda.

e) **Carteiras:**

**Carteiras de software:** Aplicações ou software para gerir e armazenar criptomoedas, incluindo carteiras móveis, de secretária e da Web.

**Carteiras de hardware:** Dispositivos físicos concebidos para armazenamento e transacções seguras de criptomoedas.

f) **Rede peer-to-peer (P2P):**

**Comunicação P2P:** A infraestrutura de rede que permite que os nós comuniquem

diretamente uns com os outros, permitindo a natureza descentralizada da cadeia de blocos.

g) **Interfaces de utilizador (UI) e experiência de utilizador (UX):**

**Interface de utilizador da carteira:** Interfaces que permitem aos utilizadores ver os seus saldos, enviar e receber transacções e gerir as suas participações em criptomoedas.

**Explorador da cadeia de blocos:** Ferramentas que permitem aos utilizadores explorar e pesquisar a cadeia de blocos para transacções e endereços específicos.

h) **Medidas de segurança:**

**Segurança criptográfica:** Garantir a confidencialidade e a integridade das transacções e das chaves privadas.

**Segurança da rede:** Proteção contra ataques e vulnerabilidades que possam comprometer a rede blockchain.

i) **Soluções de escalabilidade e desempenho:**

**Soluções de camada 2:** Técnicas como a Lightning Network (para Bitcoin) e Rollups (para Ethereum) para aumentar a escalabilidade e reduzir os custos de transação.

j) **Conformidade regulamentar e verificação de identidade (KYC/AML):**

**Serviços de verificação de identidade:** Integração com os serviços Know Your Customer (KYC) e AntiMoney Laundering (AML) para cumprir os requisitos regulamentares.

k) **Conformidade regulamentar e verificação de identidade (KYC/AML):**

**Serviços de verificação de identidade:** Integração com os serviços Know Your Customer (KYC) e AntiMoney Laundering (AML) para cumprir os requisitos regulamentares.

l) **Modelos de governação (para cadeias de blocos PoS):**

**Governação em cadeia:** Mecanismos para a tomada de decisões sobre actualizações e alterações de protocolos utilizando os votos das partes interessadas.

m) **Soluções de interoperabilidade (para transacções entre cadeias):**

**Protocolos entre cadeias:** Protocolos e plataformas que facilitam a troca de activos e dados entre diferentes blockchains.

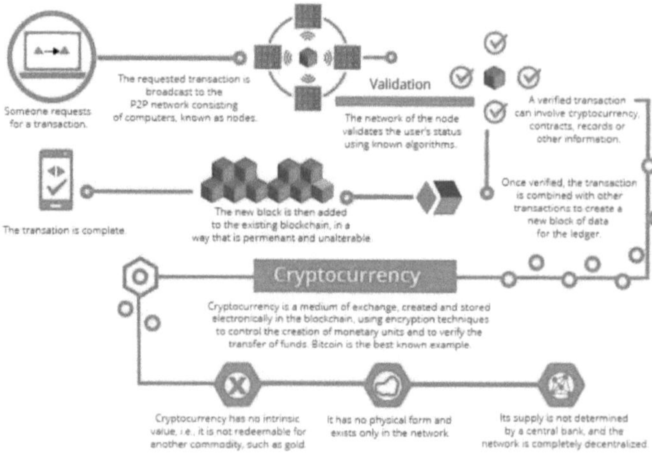


*Figura 2.4: Funcionamento da moeda criptográfica*

### 2.3.2 Como funciona a moeda Blockchain na vida real?

A moeda Blockchain, como a Bitcoin ou a Ethereum, funciona na vida real, permitindo transacções seguras, descentralizadas e transparentes entre indivíduos ou entidades.

Uma visão simplificada do funcionamento prático da moeda da cadeia de blocos é a seguinte:

**a) Criar uma carteira:**

No mundo real, os utilizadores começam por criar uma carteira digital. Esta carteira gera um par de chaves criptográficas: uma chave pública (semelhante a um número de conta) para receber fundos e uma chave privada (semelhante a uma palavra-passe) para autorizar transacções e aceder aos fundos.

**b) Aquisição de criptomoeda:**

Os utilizadores podem adquirir criptomoedas de várias formas, incluindo comprá-las em bolsas, recebê-las como pagamento ou participar em actividades de extração ou de aposta, dependendo do mecanismo de consenso da cadeia de blocos.

**c) Fazer transacções:**

Quando um utilizador pretende enviar criptomoeda a outro, inicia uma transação. Introduzem a chave pública do destinatário (ou um endereço mais fácil de utilizar), especificam o montante e assinam a transação com a sua chave privada.

**d) Verificação da transação:**

A transação é transmitida para a rede blockchain, onde aguarda verificação. Os mineiros (para as cadeias de blocos de prova de trabalho) ou os validadores (para as cadeias de blocos de prova de aposta) competem para validar a transação resolvendo puzzles matemáticos complexos ou com base nos seus activos em jogo.

**e) Consenso e formação de blocos:**

Quando um determinado número de transacções é verificado e agrupado, é adicionado a um novo bloco na cadeia de blocos. Este processo é regido pelo mecanismo de consenso da cadeia de blocos (por exemplo, Proof of Work ou Proof of Stake).

**f) Confirmação da cadeia de blocos:**

Depois de um bloco ser adicionado, é considerado confirmado e a transação torna-se uma parte permanente do histórico da cadeia de blocos. Por razões de segurança, a maioria das transacções requer múltiplas confirmações (blocos adicionados após a confirmação inicial) para reduzir o risco de uma reversão.

**g) Visualização de transacções:**

Os utilizadores podem ver o estado e os detalhes das suas transacções utilizando exploradores de cadeias de blocos, que são ferramentas em linha que permitem a qualquer pessoa pesquisar e acompanhar transacções na cadeia de blocos utilizando IDs ou endereços de transacções.

**h) Segurança e imutabilidade:**

A segurança da moeda blockchain provém da sua natureza descentralizada e das protecções criptográficas. As transacções são registadas de forma inviolável e, uma vez adicionadas à cadeia de blocos, são praticamente impossíveis de alterar ou reverter.

**i) Gestão de carteiras:**

Os utilizadores podem gerir as suas participações em criptomoedas, verificar os saldos das suas carteiras e iniciar novas transacções utilizando aplicações ou plataformas de carteiras, quer sejam carteiras baseadas na Web, móveis ou de hardware.

**j) Casos de utilização:**

Na vida real, as moedas de cadeia de blocos são utilizadas para uma variedade de objectivos, incluindo compras online, investimentos, remessas e como meio de transferência de valor através das fronteiras. Além disso, a tecnologia de cadeia de blocos permite a criação de aplicações descentralizadas (DApps) e contratos inteligentes, abrindo novas possibilidades em vários sectores.

## 2.4 Bitcoin

A Bitcoin é um sistema de pagamento digital inovador. É um exemplo de moeda criptográfica e a próxima grande novidade no sector financeiro.

- Trata-se de uma moeda virtual concebida para funcionar como dinheiro e fora do controlo de qualquer pessoa ou grupo, eliminando assim a necessidade de terceiros nas transacções financeiras.
- É utilizado como uma recompensa para os mineiros na extração de Bitcoin.
- Pode ser adquirido em várias bolsas.

Existem 3 formas de obter um Bitcoin no seu armazenamento eletrónico:

- **Trocar dinheiro por Bitcoin:** Digamos que o valor de um bitcoin é 1 lakh rupias, por isso, se quiser um bitcoin, pode trocar um bitcoin por 1 lakh rupias. Esta bitcoin será armazenada no seu suporte de armazenamento eletrónico, que poderá utilizar posteriormente.
- **Trocar mercadorias por Bitcoin:** Digamos que o valor de uma bitcoin é de 1 lakh rupias e que tem uma mercadoria cujo valor é de 1 lakh rupias, pelo que pode trocar essa mercadoria por uma bitcoin e a bitcoin será armazenada no seu suporte eletrónico de armazenamento.
- **Extrair Bitcoins: Para** além de negociar, também pode extrair bitcoins. Como é uma moeda descentralizada, não há nenhuma autoridade que traga bitcoins para o mercado. Os bitcoins só entram no mercado através da mineração.

### 2.4.1 Características da Bitcoin

- **Distribuído:** Todas as transacções de Bitcoin são registadas num livro-razão público conhecido como blockchain. Existem nós na rede que mantêm cópias do livro-razão e contribuem para a propagação correcta das transacções, seguindo as regras dos protocolos, tornando impossível que a rede sofra interrupções.

- **Descentralizado:** Não existe uma terceira parte ou um CEO que controle a rede Bitcoin. A rede é constituída por participantes dispostos a concordar com as regras de um protocolo e as alterações ao protocolo são feitas por consenso dos seus utilizadores. Isso torna o Bitcoin uma quase política

sistema.

- **Transparente:** A adição de novas transacções ao livro-razão da cadeia de blocos e o estado da rede Bitcoin são obtidos por consenso de forma transparente, de acordo com as regras do protocolo.
- **Peer-to-peer:** Nas transacções Bitcoin, os pagamentos vão diretamente de uma parte para outra, pelo que não é necessário que terceiros actuem como intermediários.
- **Resistente à censura:** Como as transacções de bitcoin são pseudo-anónimas e os utilizadores possuem as chaves das suas participações em bitcoin, é difícil para as autoridades proibirem os utilizadores de utilizarem os seus activos. Isto proporciona liberdade económica aos utilizadores.
- **Público:** Todas as transacções Bitcoin estão disponíveis publicamente para todos verem. Todas as transacções são registadas, o que elimina a possibilidade de transacções fraudulentas.
- **Sem permissões:** A Bitcoin é de acesso completamente aberto e está pronta a ser utilizada por todos, não existem regras de entrada complicadas. Qualquer transação que siga o algoritmo definido será processada com certeza.
- **Pseudoanónimo:** As transacções Bitcoin estão ligadas a endereços que assumem a forma de cadeias alfanuméricas geradas aleatoriamente.

### 2.4.2 Como funciona a mineração de Bitcoin?

Na rede Bitcoin, existem nós que utilizam o poder de computação do seu CPU para processar as transacções. Seguem-se os passos a seguir durante a extração de uma bitcoin:

- O utilizador inicia a transação Bitcoin indicando os detalhes, como o número de bitcoins a enviar, o endereço público e afixando a chave privada para gerar uma assinatura digital. A informação encriptada para os mineiros está presente na rede.
- Os mineiros verificarão a transação para verificar se existe saldo suficiente para efetuar a transação.
- Quanto mais rápida for a CPU de um mineiro, maiores serão as hipóteses de o mineiro ser recompensado pela verificação da transação. O trabalho do minerador é apenas fornecer a CPU, não há nenhuma intervenção manual do minerador. O programa Bitcoin será executado automaticamente no sistema.
- Quando a transação é verificada, o número de transacções é transmitido à rede de mineiros que podem copiar ou descarregar o bloco.
- Estes blocos, através de marcas temporais, são armazenados por ordem sequencial para formar uma cadeia de blocos.

  - Cada mineiro da rede deve ter uma cópia actualizada do livro-razão da cadeia de blocos para poder ganhar bitcoins.

### 2.4.3 Como é utilizada a Bitcoin?

- **Pagamento:** A Bitcoin é aceite como forma de pagamento de bens e serviços em muitos comerciantes e retalhistas. Para utilizar a Bitcoin, são necessárias carteiras. As carteiras de criptomoedas contêm chaves privadas para a Bitcoin, que têm de ser introduzidas durante a realização de uma transação.
- **Investir: carteira:** A Bitcoin ganhou popularidade, o que fez com que investidores e particulares se interessassem em investir na criptomoeda Bitcoin. Os particulares podem investir em Bitcoin para ajudar a diversificar a sua carteira de acções e obrigações.

### 2.4.4 Benefícios da Bitcoin

- **Anonimato do utilizador:** Os utilizadores de Bitcoin podem ter várias chaves públicas e são identificados por códigos numéricos. Isto garante que as transacções não podem ser rastreadas até ao utilizador. Mesmo que o endereço da carteira se torne público, o utilizador pode gerar um novo endereço de carteira para manter a informação segura.
- **Transparência:** As transacções de Bitcoin são registadas na cadeia de blocos do livro-razão público. As transacções são permanentemente visíveis, o que confere transparência ao sistema, mas são ao mesmo tempo seguras e resistentes à fraude devido à tecnologia blockchain.
- **Acessibilidade:** A Bitcoin é uma moeda muito versátil e acessível. Demora alguns minutos a transferir bitcoins para outro utilizador, pelo que pode ser utilizada para comprar bens e serviços numa variedade de locais que aceitam bitcoins. Isto torna fácil gastar bitcoin noutro país com poucas ou nenhumas taxas aplicadas.
- **Independência da autoridade central:** A Bitcoin é uma moeda descentralizada, o que significa que não há dependência de uma única autoridade governamental para verificar as transacções. Isso significa que não é provável que as autoridades congelem ou exijam de volta os bitcoins.
- **Taxas de transação reduzidas:** As transferências bancárias normais implicam taxas de transação e custos de câmbio. Uma vez que as transacções de bitcoin não envolvem qualquer autoridade governamental, as taxas de transação são muito baixas em comparação com as transferências bancárias.

## 2.5 Estrutura

- A **estrutura da cadeia de blocos Bitcoin** refere-se aos componentes organizados e interligados que constituem a cadeia de blocos Bitcoin, que é um livro-razão descentralizado e imutável que regista todas as transacções Bitcoin.

Eis uma definição concisa:

- A **estrutura da cadeia de blocos Bitcoin** é a arquitetura de blocos interligados, cada um contendo um grupo de transacções Bitcoin verificadas, ligadas cronologicamente de forma descentralizada, segura e transparente. Esta estrutura inclui blocos, transacções, cabeçalhos de blocos, hashes criptográficos, um mecanismo de consenso (Proof of Work) e uma cadeia contínua e inviolável.

**Benefícios da Blockchain:**

- É mais seguro do que qualquer outra tecnologia.
- Para evitar possíveis problemas legais, um terceiro de confiança tem de supervisionar as transacções e validá-las.
- Não existe um ponto central de ataque.

- Os dados não podem ser alterados ou manipulados, são imutáveis.

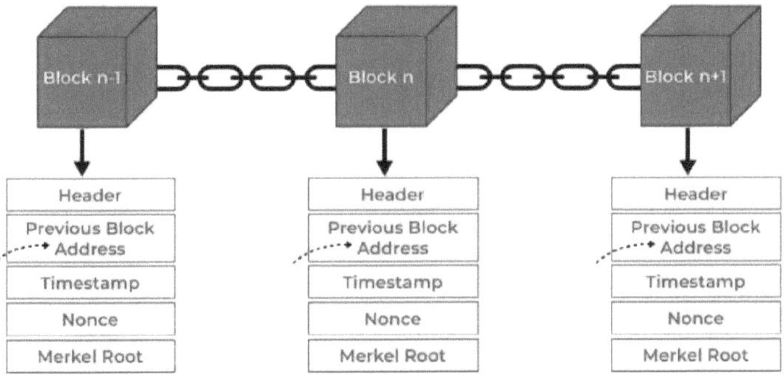


*Figura 2.5: Estrutura da cadeia de blocos*

a) **Cabeçalho:** É utilizado para identificar o bloco específico em toda a cadeia de blocos. Trata de todos os blocos da cadeia de blocos. O cabeçalho de um bloco é submetido a hash periodicamente pelos mineiros, alterando o valor do nonce como parte da atividade normal de extração mineira. Três conjuntos de metadados do bloco estão contidos no cabeçalho do bloco.

b) **Previous Block Address/ Hash:** É utilizado para ligar o bloco $i+1^{th}$ ao bloco $i^{th}$ utilizando o hash. Em suma, é uma referência ao hash do bloco anterior (pai) na cadeia.

c) **Carimbo de data/hora:** É um sistema que verifica os dados no bloco e atribui uma hora ou data de criação para documentos digitais. O carimbo de data/hora é uma cadeia de caracteres que identifica de forma única o documento ou evento e indica quando foi criado.

d) **Nonce:** Um número nonce que é utilizado apenas uma vez. É uma parte central da prova de trabalho no bloco. É comparado com o alvo vivo se for menor ou igual ao alvo atual. As pessoas que mineram, testam e eliminam muitos Nonce por segundo até descobrirem que o Valuable Nonce é válido.

e) **Raiz de Merkel:** É um tipo de estrutura de dados que enquadra diferentes blocos de dados. Uma árvore de Merkel armazena todas as transacções de um bloco, produzindo uma impressão digital de toda a transação. Permite aos utilizadores verificar se uma transação pode ou não ser incluída num bloco.

## 2.5.1 Transação na cadeia de blocos Bitcoin

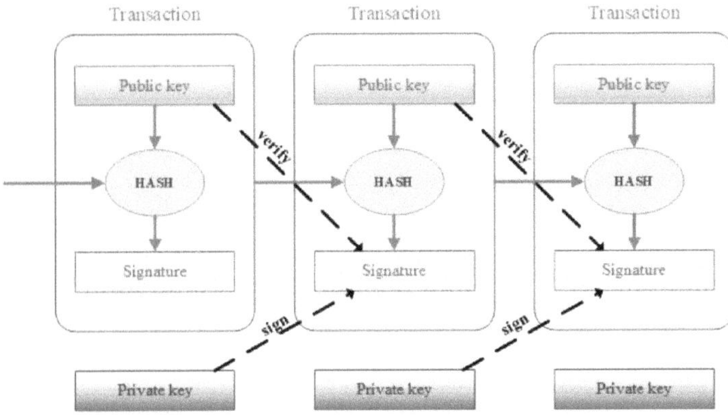


*Figura 2.6: Transação na cadeia de blocos Bitcoin*

## 2.5.2 Componentes principais da estrutura da cadeia de blocos da Bitcoin

Estes são componentes fundamentais da blockchain da Bitcoin:

**a) Transacções:**

As transacções são registos da transferência de Bitcoin de um endereço para outro. Elas contêm informações essenciais, como endereços do remetente e do destinatário, a quantidade de Bitcoin que está sendo transferida e assinaturas digitais para segurança. As transações são os blocos básicos de construção da rede Bitcoin.

**b) Blocos:**

Os blocos são colecções de transacções Bitcoin agrupadas. Cada bloco contém normalmente um conjunto de transacções que foram validadas e estão prontas para serem adicionadas à cadeia de blocos. Os blocos também incluem um cabeçalho que contém metadados e uma referência ao bloco anterior, criando uma cadeia contínua de blocos.

**c) Nós:**

Os nós são computadores ou servidores que participam da rede Bitcoin. Existem dois tipos principais de nós:

- **Nós completos:** Esses nós mantêm uma cópia completa do blockchain do Bitcoin, verificam transações e garantem que as regras da rede sejam seguidas. Os full nodes desempenham um papel crucial na manutenção da descentralização e segurança da rede.
- **Nós leves:** Também conhecidos como nós SPV (Simplified Payment Verification), estes nós não armazenam toda a cadeia de blocos, mas podem verificar as transacções verificando os cabeçalhos dos blocos e solicitando informações específicas aos nós completos. São normalmente utilizados em carteiras móveis.

**d) Mineiros:**

Os mineiros são participantes da rede Bitcoin que competem para adicionar novos blocos à blockchain. Fazem-no resolvendo puzzles matemáticos complexos através do mecanismo de consenso Proof of Work (PoW). O primeiro mineiro a resolver o puzzle consegue adicionar um novo bloco à cadeia de blocos e é recompensado com Bitcoins recém-criados e taxas de transação. Os mineiros desempenham um papel fundamental na segurança da rede e na confirmação das transacções.

Estes componentes trabalham em conjunto para criar um sistema descentralizado e seguro para processar e registar transacções Bitcoin. As transacções são agrupadas em blocos, que são adicionados à cadeia de blocos por mineiros. Os nós, tanto completos quanto leves, ajudam a manter a rede verificando as transações e garantindo que as regras de consenso sejam seguidas. Este ecossistema colaborativo é o que faz da Bitcoin uma moeda digital resiliente e sem confiança.

## 2.6 Operações

- O funcionamento da cadeia de blocos Bitcoin refere-se aos processos e mecanismos subjacentes através dos quais a rede Bitcoin funciona.

Eis uma definição concisa:

- **A operação da cadeia de blocos Bitcoin** é o processo descentralizado e transparente através do qual as transacções Bitcoin são verificadas, adicionadas a uma cadeia contínua de blocos, protegidas através de algoritmos criptográficos e mantidas por uma rede de nós e mineiros, assegurando a integridade e imutabilidade do livro-razão, emitindo novas Bitcoins e validando transacções de uma forma não fiável.

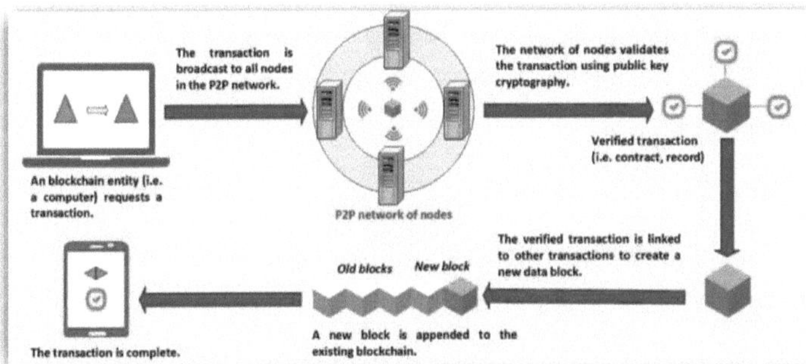


*Figura 2.7: Funcionamento da cadeia de blocos Bitcoin*

## 2.6.1 Componentes principais do funcionamento da cadeia de blocos Bitcoin

Os componentes principais da operação da cadeia de blocos Bitcoin abrangem vários aspectos da funcionalidade da rede e da forma como esta processa as transacções.

Eis os principais componentes:

**a) Transacções:**

As transacções são as principais estruturas de dados da blockchain da Bitcoin. Elas representam a transferência do valor do Bitcoin de um endereço para outro. Cada transação contém os endereços do remetente e do destinatário, a quantidade de Bitcoin que está a ser transferida e uma assinatura digital.

**b) Blocos:**

As transacções são agrupadas em blocos. Um bloco contém um conjunto de transacções verificadas. Os blocos também incluem um cabeçalho que contém metadados, um registo de data e hora e uma referência ao hash do bloco anterior.

**c) Exploração mineira:**

A mineração é o processo pelo qual novos blocos são adicionados ao blockchain. Os mineiros, que são participantes na rede, competem para resolver puzzles matemáticos complexos através do consenso de Prova de Trabalho (PoW). O primeiro mineiro a resolver o puzzle adiciona um novo bloco, incluindo transacções verificadas, à cadeia de blocos.

**d) Nós:**

Os nós são computadores ou servidores ligados à rede Bitcoin. Eles desempenham diferentes papéis:

- **Nós completos:** Estes mantêm uma cópia completa da cadeia de blocos, validam transacções e aplicam regras de rede. Eles ajudam a garantir a segurança e a integridade da rede.
- **Nós leves (nós SPV):** Estes não armazenam toda a cadeia de blocos, mas podem verificar as transacções verificando os cabeçalhos dos blocos e consultando os nós completos para obter informações específicas. São frequentemente utilizados em carteiras móveis.

**e) Mecanismo de consenso (prova de trabalho):**

A rede Bitcoin baseia-se no mecanismo de consenso Proof of Work (PoW) para validar e adicionar novos blocos. Os mineiros competem para resolver puzzles criptográficos e, uma vez resolvidos, transmitem o novo bloco à rede para verificação e inclusão na cadeia de blocos.

**f) Blockchain:**

A blockchain em si é uma cadeia de blocos, organizados por ordem cronológica. Cada bloco contém uma referência (hash) ao hash do bloco anterior, criando um registo seguro e inviolável.

**g) Segurança e imutabilidade:**

A segurança é alcançada através de hashing criptográfico e descentralização. Assim que um bloco é adicionado à cadeia de blocos, torna-se extremamente difícil alterar ou eliminar qualquer uma das suas transacções, garantindo a imutabilidade do livro-razão.

**h) Reduzir para metade e recompensar:**

A Bitcoin tem um mecanismo incorporado chamado "halving" que reduz as recompensas dos mineiros aproximadamente de quatro em quatro anos. Este evento controla a emissão de novas Bitcoins, com um limite máximo de 21 milhões de Bitcoins.

**i) Garfos:**

Os forks podem ocorrer na rede Bitcoin quando são propostas alterações às regras do protocolo. Isso pode resultar em duas blockchains separadas, como um "hard fork" (não compatível com versões anteriores) ou um "soft fork" (compatível com versões anteriores). Exemplos notáveis incluem o Bitcoin Cash (BCH) e a atualização Segregated Witness (SegWit).

Esses componentes principais definem coletivamente como a blockchain do Bitcoin opera. As transacções são agrupadas em blocos, os mineiros validam e adicionam blocos, os nós mantêm a rede e a cadeia de blocos cresce continuamente, garantindo a segurança, a transparência e a natureza descentralizada da rede Bitcoin.

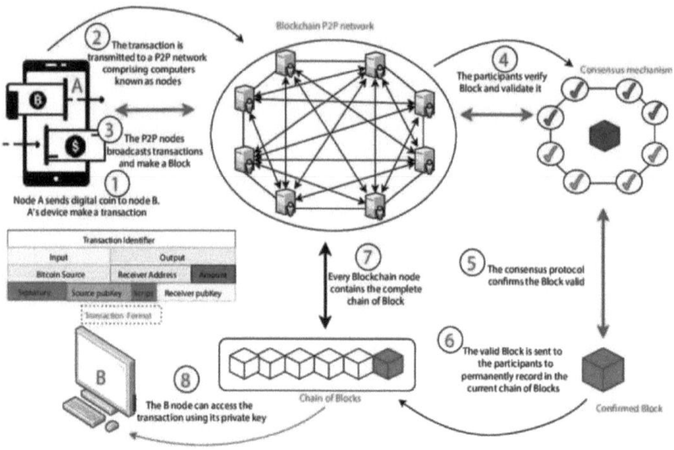


*Figura 2.8: Componentes do funcionamento da cadeia de blocos da Bitcoin*

## 2.7 Características

- Uma caraterística da cadeia de blocos Bitcoin refere-se a uma caraterística ou funcionalidade específica inerente à rede de cadeias de blocos Bitcoin que a distingue dos sistemas financeiros tradicionais ou de outras redes baseadas em cadeias de blocos.

Eis uma definição concisa:

- **Uma caraterística da cadeia de blocos Bitcoin** é um atributo ou capacidade única da rede de cadeia de blocos Bitcoin que inclui descentralização, segurança através de Prova de Trabalho, imutabilidade, transparência, um fornecimento limitado de 21 milhões de Bitcoins e transacções peer-to-peer sem confiança. Estas características definem coletivamente a proposta de valor e a utilidade da Bitcoin como moeda digital e reserva de valor.

Uma blockchain é uma cadeia de blocos que contém informação. A maioria das pessoas pensa que Blockchain é Bitcoin e vice-versa. Mas não é esse o caso. De facto, a Bitcoin é uma moeda digital ou criptomoeda que funciona com base na tecnologia Blockchain. A Blockchain foi inventada por Satoshi Nakamoto. Como o nome sugere, cada bloco consiste num número de transacções, e cada transação é registada sob a forma de um Hash. O Hash é um endereço único atribuído a cada bloco durante a sua criação e qualquer modificação posterior no bloco conduzirá a uma alteração do seu hash.

### 2.7.1 Características da cadeia de blocos

A tecnologia Blockchain oferece uma série de características que a tornam distinta e valiosa para várias aplicações.

As principais características da cadeia de blocos são:

**a) Descentralização:**

A Blockchain funciona numa rede distribuída de computadores (nós), eliminando a necessidade de uma autoridade central ou de um intermediário. Esta descentralização aumenta a transparência e reduz o risco de pontos únicos de falha ou manipulação.

**b) Segurança:**

As transacções numa cadeia de blocos são protegidas através de técnicas criptográficas. Uma vez registadas, é extremamente difícil alterar ou apagar informações, o que torna a cadeia de blocos altamente resistente a fraudes e adulterações.

**c) Imutabilidade:**

Quando os dados são adicionados a uma cadeia de blocos, tornam-se quase imutáveis. Não podem ser alterados retroativamente sem o consenso da maioria dos participantes na rede, garantindo a integridade do livro-razão.

**d) Mecanismos de consenso:**

As redes Blockchain baseiam-se em mecanismos de consenso como a Prova de Trabalho (PoW) ou a Prova de Participação (PoS) para validar transacções e adicionar novos blocos à cadeia. Estes mecanismos garantem o acordo entre os participantes e mantêm a segurança da rede.

**e) Privacidade e permissões:**

Algumas plataformas de cadeias de blocos oferecem funcionalidades de privacidade e sistemas de permissões que controlam quem pode participar na rede e aceder a dados específicos. Isto é crucial para casos de utilização empresarial.

**f) Segurança criptográfica:**

A criptografia protege os dados no blockchain, garantindo que apenas participantes autorizados possam acessar e modificar informações. As chaves privadas são utilizadas para autenticação e assinaturas digitais para verificação de transacções.

**g) Integridade dos dados:**

O livro-razão distribuído da Blockchain mantém um registo consistente e preciso das transacções em todos os nós. Isto garante a integridade dos dados e reduz o risco de perda ou corrupção de dados.

**h) Soluções de escalabilidade:**

As redes de cadeias de blocos estão continuamente a trabalhar em soluções de escalabilidade, como as tecnologias de camada 2 (por exemplo, Lightning Network para Bitcoin) e sharding (para Ethereum), para lidar com volumes de transação crescentes sem comprometer o desempenho.

**i) Interoperabilidade:**

Alguns projectos de cadeias de blocos visam facilitar a interoperabilidade entre diferentes redes de cadeias de blocos, permitindo que os activos e os dados circulem sem problemas entre cadeias.

**j) Tokenização:**

A Blockchain permite a criação de tokens digitais que representam a propriedade de activos ou direitos de acesso. Isto abre possibilidades para activos tokenizados, incluindo bens imobiliários, arte e acções.

**k) Audibilidade e rastreabilidade:**

As transacções na cadeia de blocos são marcadas no tempo e podem ser rastreadas desde a sua origem. Este facto é particularmente valioso na gestão da cadeia de abastecimento, permitindo a rastreabilidade dos produtos desde a origem até ao destino.

### 2.7.2 Mais características da cadeia de blocos

- **Contratos inteligentes:** A tecnologia Blockchain permite a criação e execução de contratos inteligentes, que são contratos auto-executáveis que são executados automaticamente quando determinadas condições são cumpridas. Os contratos inteligentes têm o potencial de revolucionar vários sectores, proporcionando uma forma segura e transparente de executar contratos.
- **Transparência**: O livro-razão da cadeia de blocos é público e transparente, o que significa que qualquer pessoa pode aceder e visualizar as transacções na rede. Isto torna-o um sistema altamente transparente e resistente à fraude e à corrupção.
- **Aplicações da cadeia de blocos**: A tecnologia Blockchain tem uma vasta gama de aplicações em vários sectores. Algumas das aplicações mais conhecidas incluem criptomoeda, gestão da cadeia de fornecimento, verificação de identidade e sistemas de votação. No entanto, a tecnologia de cadeia de blocos tem o potencial de revolucionar muitos outros sectores, como os cuidados de saúde, o imobiliário e as finanças.

## 2.8 Modelo de consenso

O modelo de consenso na cadeia de blocos Bitcoin refere-se ao mecanismo ou protocolo específico utilizado para obter um acordo entre todos os participantes (nós) sobre o estado da cadeia de blocos.

No caso da Bitcoin, o modelo de consenso é conhecido como "Proof of Work" (PoW).

Eis uma breve definição do modelo de consenso na cadeia de blocos Bitcoin:

**Prova de Trabalho (PoW):** O modelo de consenso do Bitcoin, Proof of Work, é um método criptográfico pelo qual os participantes, conhecidos como mineiros, competem para resolver puzzles matemáticos complexos. Estes puzzles são computacionalmente intensivos e requerem um poder computacional e energia significativos. O primeiro mineiro a resolver o puzzle com sucesso obtém o direito de criar e adicionar um novo bloco à cadeia de blocos. Este processo é frequentemente designado por "mineração". Os outros nós da rede validam então a solução, garantindo que cumpre as regras da rede e que as transacções no bloco são válidas. Quando se chega a um consenso sobre a validade do bloco, este é adicionado à cadeia de blocos e os mineiros são recompensados com bitcoins recém-criados e taxas de transação.

A Prova de Trabalho é conhecida pela sua segurança e pelo facto de tornar computacionalmente dispendiosa a manipulação da cadeia de blocos por parte de agentes maliciosos. Tem sido a base do consenso da rede Bitcoin desde o seu início e é responsável pela segurança e imutabilidade do livro-razão da Bitcoin. No entanto, também é criticado pelo seu consumo de energia e desafios de escalabilidade, que levaram à exploração de modelos de consenso alternativos, como o Proof of Stake (PoS), noutros projectos de cadeia de blocos.

### 2.8.1 Importância do consenso para manter a rede descentralizada

O consenso é de suma importância para manter uma rede descentralizada como a blockchain do Bitcoin.

Desempenha várias funções essenciais para garantir a integridade, a segurança e a funcionalidade da rede:

- **Prevenir a duplicação de gastos**: Um dos desafios fundamentais das moedas digitais é evitar a duplicação de gastos, em que um utilizador tenta gastar as mesmas unidades de criptomoeda mais do que uma vez. Os mecanismos de consenso, como a Prova de Trabalho na Bitcoin, garantem que todos os nós da rede concordam com a ordem e a validade das transacções, impedindo efetivamente o gasto duplo.

- **Imutabilidade**: Uma vez que uma transação é adicionada ao blockchain do Bitcoin através de consenso, torna-se extremamente difícil de alterar. O processo de consenso torna a cadeia de blocos imutável, o que significa que as transacções passadas são resistentes à adulteração ou revisão. Esta imutabilidade é crucial para manter a confiança no sistema.
- **Segurança**: Os mecanismos de consenso, como o Proof of Work, oferecem uma segurança robusta contra ataques e tentativas de manipulação. Exigem que os participantes (mineiros) resolvam puzzles criptográficos complexos, o que torna computacionalmente dispendioso para os agentes maliciosos assumirem o controlo da rede. Esta segurança é vital para preservar a integridade do registo.
- **Viabilidade a longo prazo**: Os mecanismos de consenso são fundamentais para a viabilidade da rede a longo prazo. Garantem que a rede pode evoluir e adaptar-se, mantendo os seus princípios fundamentais e características de segurança.
- **Descentralização**: Os mecanismos de consenso ajudam a manter a descentralização, distribuindo o poder entre os participantes da rede. No caso da Prova de Trabalho, os mineiros competem para adicionar novos blocos à cadeia de blocos, e nenhuma entidade ou grupo tem controlo total sobre a rede. Esta descentralização é um princípio fundamental do Bitcoin e contribui para a sua resistência contra a censura e a centralização.
- **Sem confiança**: O modelo de consenso do Bitcoin permite que os participantes interajam num ambiente sem confiança. Os utilizadores não precisam de confiar numa autoridade central ou num intermediário para realizar transacções ou validar o histórico da blockchain. Em vez disso, eles confiam no consenso dos nós descentralizados da rede.
- **Incentivar a participação**: No modelo de Prova de Trabalho da Bitcoin, os mineiros são recompensados com bitcoins recém-criados e taxas de transação pelos seus esforços em manter o consenso da rede. Este sistema de incentivo

encoraja os mineiros a atuar honestamente e a investir em recursos computacionais, aumentando ainda mais a segurança da rede.

- **Saúde e fiabilidade da rede**: O consenso garante que todos os nós da rede tenham uma visão atualizada e consistente do estado da blockchain. Evita bifurcações e garante que a rede continue a funcionar sem problemas e de forma fiável.
- **Resiliência a ataques**: O modelo de consenso da Bitcoin foi concebido para ser resistente a vários ataques, tais como ataques Sybil (em que um atacante cria vários nós falsos) e ataques de 51% (em que um atacante ganha o controlo da maioria do poder de hashing da rede). A obtenção de consenso requer uma maioria de participantes honestos, o que torna esses ataques economicamente inviáveis.

### 2.8.2 Necessidade de consenso na Bitcoin

O consenso é um conceito fundamental no funcionamento da rede Bitcoin. Refere-se ao mecanismo pelo qual todos os participantes na rede concordam com o estado da cadeia de blocos, incluindo a validade das transacções e a ordem em que são adicionadas à cadeia de blocos.

O consenso é fundamental por várias razões:

a) **Segurança**: O algoritmo de consenso do Bitcoin garante que a rede permaneça segura. Ele torna extremamente difícil para um único participante ou grupo de participantes manipular o blockchain ou gastar moedas duas vezes. Sem consenso, a rede seria vulnerável a ataques.

b) **Evitar o gasto duplo**: Um dos principais desafios das moedas digitais é evitar que as mesmas moedas sejam gastas várias vezes (gasto duplo). Os mecanismos de consenso garantem que, uma vez que uma transação é confirmada e adicionada à cadeia de blocos, não pode ser revertida ou alterada, impedindo o gasto duplo.

c) **Manutenção da cadeia de blocos**: Os mecanismos de consenso ditam como os novos blocos são adicionados ao blockchain. Os mineiros devem resolver quebra-cabeças matemáticos complexos para criar novos blocos, e a rede deve concordar com a validade desses blocos. Este processo garante que a cadeia de blocos permanece uma cadeia contínua e ininterrupta de transacções.

d) **Incentivos**: O mecanismo de consenso do Bitcoin, conhecido como Proof of Work (PoW), incentiva os mineiros a participar na rede e a protegê-la, gastando recursos computacionais. Este processo ajuda a manter a descentralização e a segurança da rede.

e) **Descentralização**: Alcançar o consenso no Bitcoin é um processo descentralizado. Ele não depende de uma autoridade central ou de terceiros confiáveis. Em vez disso, ele depende da maioria dos participantes da rede (mineradores) concordando com a validade das transações e blocos. Esta descentralização é um princípio fundamental do Bitcoin.

f) **Falta de confiança**: O consenso no Bitcoin funciona sem a necessidade de confiança entre os participantes. Os utilizadores podem transacionar entre si sem depender de intermediários ou autoridades centrais. O mecanismo de consenso garante que as transacções são verificadas e adicionadas à cadeia de blocos com base num conjunto de regras que todos os participantes seguem.

A Bitcoin alcança o consenso através do mecanismo de Prova de Trabalho, em que os mineiros competem para resolver puzzles matemáticos complexos, e o primeiro a resolvê-lo adiciona um novo bloco à cadeia de blocos. Outros participantes na rede verificam então a validade do bloco e as transacções nele contidas. Se o consenso for alcançado, o bloco é adicionado à cadeia de blocos.

### 2.8.3 A evolução do consenso do Bitcoin

O mecanismo de consenso do Bitcoin evoluiu à medida que a rede cresceu e enfrentou vários desafios. Os dois principais mecanismos de consenso usados no Bitcoin são Proof of Work (PoW) e Nakamoto Consensus.

Aqui está uma visão geral da evolução do mecanismo de consenso do Bitcoin:

- **Prova de Trabalho (PoW):** O mecanismo de consenso original do Bitcoin é baseado no PoW. No PoW, os mineiros competem para resolver puzzles matemáticos complexos, com o primeiro a encontrar uma solução a obter o direito de adicionar o próximo bloco à cadeia de blocos. Este processo consome muita energia, mas é altamente seguro. O PoW foi introduzido no livro branco da Bitcoin por Satoshi Nakamoto em 2008 e continua a ser o principal mecanismo de consenso.

- **Ajuste de dificuldade:** Para manter um tempo de bloco consistente de aproximadamente 10 minutos, o Bitcoin tem um mecanismo de ajuste de dificuldade. A cada bloco de 2016 (cerca de duas semanas), a rede recalibra o nível de dificuldade com base na taxa de hash total da rede. Isso ajuda a garantir que os blocos sejam minerados a uma taxa previsível.

- **Limite de tamanho de bloco:** Inicialmente, o Bitcoin não tinha limite de tamanho de bloco, mas foi introduzido mais tarde para evitar transacções de spam e potencial congestionamento da rede. Este limite foi fixado em 1 MB por bloco.

- **Testemunha Segregada (SegWit):** Em agosto de 2017, a Bitcoin activou o SegWit, que é um soft fork de atualização. O SegWit segregou os dados de transação dos dados de assinatura, aumentando efetivamente a capacidade do bloco. Esta atualização tinha como objetivo reduzir a maleabilidade das transacções e melhorar a escalabilidade.

- **Bitcoin Cash (BCH) Fork:** Um hard fork controverso ocorreu em agosto de 2017, levando à criação da Bitcoin Cash. O Bitcoin Cash aumentou o limite de tamanho de bloco para 8 MB, visando transacções mais rápidas e baratas. Esta bifurcação pôs em evidência debates sobre o escalonamento e a direção do desenvolvimento da Bitcoin.

- **Lightning Network:** Num esforço para resolver os problemas de escalabilidade da Bitcoin e as elevadas taxas de transação, foi proposta a Lightning Network. Trata-se de uma solução de escalonamento de camada 2 que permite transacções fora da cadeia mais rápidas e mais baratas. Os utilizadores podem abrir canais de pagamento e efetuar transacções sem necessitarem de registar todas as transacções na cadeia de blocos.

- **Atualização do** Taproot**:** A atualização do Taproot foi activada em novembro de 2021. Introduziu várias melhorias, como a utilização mais eficiente do espaço em blocos e o aumento da privacidade através da utilização de assinaturas Schnorr. Também abriu o caminho para contratos inteligentes mais complexos na rede Bitcoin.
- **Preocupações com a centralização da mineração:** Ao longo dos anos, tem havido preocupações sobre a centralização da mineração de Bitcoin, com alguns grandes pools de mineração controlando uma parte significativa da taxa de hash da rede. Foram feitos esforços para resolver este problema, incluindo discussões sobre a descentralização dos pools de mineração e mecanismos alternativos de consenso.

A evolução do consenso do Bitcoin tem sido impulsionada pela necessidade de equilibrar escalabilidade, segurança e descentralização. À medida que a rede continua a crescer e a enfrentar novos desafios, é provável que ocorram mais actualizações e adaptações ao mecanismo de consenso.

### 2.8.4 Futuro do Consenso Bitcoin

O futuro do mecanismo de consenso da Bitcoin é um tema de discussão e debate permanente na comunidade da criptomoeda.

Vários desenvolvimentos e tendências potenciais poderão moldar o futuro do consenso da Bitcoin nos próximos anos:

- **Confiança contínua na Prova de Trabalho (PoW): Espera-se** que o Bitcoin mantenha o seu mecanismo de consenso PoW a curto e médio prazo devido à sua segurança e robustez comprovadas.
- **Soluções de escalonamento da camada 2:** As soluções da camada 2, como a Lightning Network, desempenharão um papel fundamental no aumento da

escalabilidade do Bitcoin, permitindo transacções mais rápidas e mais baratas.

- **Melhorias na privacidade:** Há um interesse crescente em melhorar as características de privacidade na rede Bitcoin para responder às preocupações dos utilizadores e reforçar a privacidade das transacções.
- **Descentralização da mineração:** Os esforços para mitigar a centralização da mineração podem resultar em mudanças no ecossistema de mineração, potencialmente através de ajustes de algoritmos ou incentivos para mineradores menores.
- **Governação da Comunidade e Impacto Regulamentar:** As decisões de governação da comunidade Bitcoin e a evolução do panorama regulamentar irão influenciar a direção do mecanismo de consenso da Bitcoin e a sua integração no ecossistema financeiro mais vasto.

## 2.9 Modelo de incentivo

- O "modelo de incentivos" refere-se ao sistema de recompensas e motivações concebido para encorajar os participantes, em particular os mineiros, a contribuírem com o seu poder e recursos computacionais para proteger a rede e validar transacções.

O componente principal do modelo de incentivo da Bitcoin é a recompensa por bloco, mas também inclui taxas de transação. Aqui está uma análise do modelo de incentivo:

1. **Recompensa de bloco:** A recompensa de bloco é um montante definido de bitcoins recém-criados atribuído ao mineiro que adiciona com êxito um novo bloco à cadeia de blocos. Esta recompensa serve como um incentivo financeiro e um mecanismo para introduzir novos bitcoins em circulação. Inicialmente fixada em 50 bitcoins por bloco, passa por um processo conhecido como "halving" (redução para metade) aproximadamente a cada quatro anos, reduzindo a recompensa para metade. Desde a minha última atualização de conhecimentos em setembro de 2021, a redução para metade

mais recente ocorreu em maio de 2020, reduzindo a recompensa para 6,25 bitcoins por bloco.

2. **Taxas de transação:** Para além da recompensa do bloco, os mineiros podem ganhar taxas de transação por incluírem transacções nos blocos que extraem. Os utilizadores que pretendam que as suas transacções tenham prioridade podem anexar uma taxa, que é paga ao mineiro como incentivo para incluir a sua transação no bloco seguinte. As taxas de transação são variáveis e dependem de factores como o congestionamento da rede e a urgência da transação.

A combinação da recompensa do bloco e das taxas de transação constitui um poderoso incentivo económico para que os mineiros participem na rede e a protejam através do trabalho computacional (Prova de Trabalho). Os mineiros competem para encontrar a solução para um puzzle criptográfico, e o primeiro a resolvê-lo cria o bloco seguinte e reclama a recompensa do bloco e as taxas de transação.

Este modelo de incentivo é essencial por várias razões:

- **Segurança:** A competição por recompensas de blocos e taxas de transação motiva os mineiros a investir em hardware potente e a gastar energia para proteger a rede, tornando-a altamente resistente a ataques.

- **Consenso de rede:** Incentiva os mineiros a seguirem as regras estabelecidas no protocolo Bitcoin, garantindo que as transacções são validadas corretamente e que a cadeia de blocos permanece descentralizada.

- **Oferta monetária:** Controla a emissão de novas bitcoins, reduzindo gradualmente a taxa de criação de novas moedas ao longo do tempo, o que é essencial para o crescimento controlado e previsível da oferta da criptomoeda.

O modelo de incentivos na cadeia de blocos Bitcoin é um componente crítico do seu sucesso e sustentabilidade, uma vez que alinha os interesses dos participantes com os objectivos gerais da rede, tais como a segurança e a descentralização.

### 2.9.1 Principais componentes dos modelos de incentivos

a) **Recompensa por bloco**:

- **Processo de mineração**: O Bitcoin usa um mecanismo de consenso de Prova de Trabalho (PoW). Os mineiros competem para resolver quebra-cabeças matemáticos complexos, conhecidos como Proof-of-Work, para adicionar um novo bloco ao blockchain. Este processo é intensivo em recursos e requer poder computacional.

- **Criação de blocos**: Quando um mineiro resolve com sucesso o puzzle PoW, cria um novo bloco de transacções. A primeira transação neste bloco é uma transação especial chamada "transação Coinbase". Esta transação é utilizada para recompensar o mineiro pelo seu esforço e é a forma como os novos bitcoins são introduzidos em circulação.

- **Recompensa da Coinbase**: Inicialmente, quando o Bitcoin foi lançado em 2009, os mineiros recebiam uma recompensa de 50 bitcoins por cada bloco que mineravam. No entanto, o protocolo Bitcoin tem um mecanismo incorporado chamado "halving" que reduz esta recompensa para metade aproximadamente a cada quatro anos. Tanto quanto sei, a data de corte foi em setembro de 2021 e a redução para metade mais recente ocorreu em maio de 2020, reduzindo a recompensa do bloco para 6,25 bitcoins por bloco. As metades subsequentes continuam a reduzir esta recompensa até ser atingido o fornecimento máximo de 21 milhões de bitcoins, o que se prevê que ocorra por volta do ano 2140. Esta emissão controlada de novas bitcoins é uma caraterística fundamental da política monetária da Bitcoin.

b) **Taxas de transação** :

- **Incentivo aos utilizadores**: Para além das recompensas por bloco, os mineiros podem cobrar taxas de transação para incluir transacções nos blocos que extraem. Quando os utilizadores enviam bitcoins de um endereço para outro, podem anexar uma taxa de transação para incentivar os mineiros a dar prioridade às suas transacções.

- **Taxa de mercado**: A taxa de transação é determinada pelo remetente e baseia-se normalmente no tamanho (em bytes) da transação e na procura da rede. Quando a rede está congestionada, os utilizadores podem ter de oferecer taxas mais elevadas para que as suas transacções sejam processadas rapidamente. Isto cria um mercado de taxas onde os utilizadores competem para que as suas transacções sejam incluídas no bloco seguinte.

c) **Alinhamento dos incentivos**:

- O modelo de incentivos da Bitcoin foi concebido para alinhar os interesses dos diferentes participantes na rede. Os mineiros são motivados a proteger a rede participando no processo PoW e são recompensados com bitcoins recém-criados e taxas de transação.
- Os utilizadores são incentivados a pagar taxas de transação competitivas para garantir que as suas transacções são processadas prontamente. Esta competição por espaço de bloco também contribui para a segurança e fiabilidade da rede.

d) **Segurança e descentralização**:

- O modelo de incentivo é crucial para a segurança e descentralização da rede Bitcoin. Os mineiros investem em hardware e eletricidade caros para minerar, e são incentivados a agir honestamente para manter o seu rendimento.
- A descentralização é mantida ao permitir que qualquer pessoa com o hardware e a eletricidade necessários participe na exploração mineira, impedindo assim a concentração de poder.

e) **Implicações económicas**:

- A emissão de novas bitcoins e as taxas de transação servem de incentivos económicos para os participantes na rede. A redução das recompensas dos blocos ao longo do tempo é um fator importante para a sustentabilidade económica a longo prazo da Bitcoin.

É importante notar que o modelo de incentivo Bitcoin é apenas um aspeto do ecossistema Bitcoin mais amplo, e seu design tem sido um assunto de debate e pesquisa contínuos na comunidade de criptomoedas. Desde a minha última atualização de conhecimentos em setembro de 2021, o modelo aqui descrito reflecte o estado da rede Bitcoin até esse momento, mas pode ter havido desenvolvimentos ou alterações desde então.

### 2.9.2 Problemas relacionados com a Bitcoin

- **Centralização da mineração de Bitcoin**:

  **Problema**: Com o tempo, a mineração de Bitcoin tornou-se mais centralizada, com alguns grandes pools de mineração controlando uma parte significativa da taxa de hash da rede.

  **Solução**: Estão a ser feitos esforços para encorajar a descentralização, incluindo a utilização de protocolos de pool de mineração que permitem aos mineiros manter um maior controlo sobre as suas operações de mineração. Além disso, mecanismos de consenso alternativos, como o Proof of Stake (PoS), estão a ser explorados como potenciais soluções.

- **Escalabilidade do Bitcoin**:

  **Problema**: A capacidade de processamento de transacções da Bitcoin é limitada, resultando em congestionamento e elevadas taxas de transação durante períodos de elevada procura.

  **Solução**: Soluções como a Lightning Network visam facilitar transacções fora da cadeia mais rápidas e mais baratas. Além disso, há discussões sobre o aumento do tamanho do bloco ou a otimização do protocolo existente para melhorar a escalabilidade.

- **O consumo de energia da Bitcoin**:

  **Problema**: A extração de prova de trabalho (PoW) da Bitcoin consome uma quantidade significativa de energia e tem suscitado preocupações ambientais.

**Solução**: Algumas criptomoedas estão a explorar mecanismos de consenso alternativos, como o Proof of Stake (PoS), que são mais eficientes em termos energéticos. Há também esforços para utilizar fontes de energia renováveis para a extração mineira e melhorar a eficiência energética global das redes PoW.

- **Regulamentação da Bitcoin e desafios jurídicos**:

**Problema**: A Bitcoin enfrenta desafios regulamentares em muitos países, o que gera incerteza para os utilizadores e as empresas.

**Solução**: O diálogo entre a indústria da criptomoeda e os reguladores está em curso. Alguns países estão a desenvolver quadros regulamentares claros para proporcionar clareza jurídica aos utilizadores e empresas de Bitcoin.

- **Segurança e pirataria informática**:

**Problema**: As bolsas e as carteiras de criptomoedas são vulneráveis à pirataria informática, o que leva à perda de fundos.

**Solução**: Os utilizadores são encorajados a utilizar carteiras seguras e a empregar as melhores práticas, como carteiras de hardware e autenticação multi-fator. As bolsas também estão a melhorar as medidas de segurança e a conformidade regulamentar.

## Perguntas

1. Explicar a cadeia de blocos e o seu conceito.

2. Explicar o protocolo da cadeia de blocos e o seu tipo.

3. Explicar a moeda da cadeia de blocos com os seus modelos de funcionamento e conceitos-chave.

4. O que é que entende por Bitcoin?

5. O que é a estrutura da bitcoin? Explique com diagramas.

6. Explicar os principais componentes do funcionamento da cadeia de blocos Bitcoin.

7. Quais são as características da bitcoin? Explique cada ponto.

8. Explicar o modelo de consenso na Bitcoin e a sua importância para a evolução.

9. O que se entende por modelo de incentivo na blockchain da Bitcoin? Como é que ele funciona?

# Capítulo 3 : Ethereum Blockchain

## 3.1 Contratos inteligentes

- Um contrato inteligente (ou cripto-contrato) é um programa de computador que controla direta e automaticamente a transferência de activos digitais entre as partes sob determinadas condições.

- Um contrato inteligente funciona da mesma forma que um contrato tradicional, ao mesmo tempo que reforça automaticamente o contrato. Os contratos inteligentes são programas que são executados exatamente como são definidos (codificados, programados) pelos seus criadores.

*Figura 3.1: Contratos inteligentes*

### 3.1.1 Aspectos fundamentais dos contratos inteligentes

- **Baseados em código**: Os contratos inteligentes são escritos em linguagens de programação especificamente concebidas para a cadeia de blocos, como o Solidity para o Ethereum. Estes contratos contêm instruções e lógica que definem o seu comportamento.

- **Imutáveis**: Uma vez implementados numa cadeia de blocos, os contratos inteligentes são imutáveis, o que significa que o seu código e regras não podem ser alterados ou adulterados. Isto garante confiança e segurança na execução do contrato.

- **Descentralizados**: Os contratos inteligentes operam em redes de blockchain descentralizadas, o que os torna resistentes à censura e ao controlo de qualquer entidade única. Esta descentralização é uma caraterística essencial da tecnologia blockchain.

- **Execução automatizada**: Os contratos inteligentes executam automaticamente acções ou transacções quando são cumpridas condições predefinidas. Por exemplo, um simples contrato inteligente no Ethereum poderia libertar fundos para um vendedor quando um comprador confirma a receção de bens.
- **Sem confiança**: Os contratos inteligentes eliminam a necessidade de confiança entre as partes porque a execução do contrato é imposta pela cadeia de blocos. As partes podem confiar no código e no mecanismo de consenso da rede blockchain.
- **Transparência**: Os contratos inteligentes são visíveis publicamente na cadeia de blocos, permitindo que qualquer pessoa inspeccione o código e acompanhe a execução do contrato e o histórico de transacções. Esta transparência acrescenta uma camada de responsabilidade.
- **Eficiência de custos**: Ao remover intermediários e automatizar processos, os contratos inteligentes podem reduzir os custos associados à execução tradicional de contratos, como honorários legais e despesas administrativas.
- **Casos de utilização**: Os contratos inteligentes têm uma vasta gama de aplicações em vários sectores, incluindo o financeiro (plataformas DeFi, empréstimos e comércio), gestão da cadeia de abastecimento, cuidados de saúde, imobiliário, jogos e muito mais.
- **Taxas de gás**: A execução de contratos inteligentes em redes blockchain exige frequentemente que os utilizadores paguem taxas de gás na criptomoeda nativa para compensar os mineiros ou validadores pelo processamento do contrato. As taxas de gás são proporcionais à complexidade computacional do contrato.
- **Desafios**: Apesar das suas vantagens, os contratos inteligentes também enfrentam desafios, tais como vulnerabilidades de segurança no código,

problemas de escalabilidade em algumas plataformas de cadeias de blocos e reconhecimento e aplicação legais em muitas jurisdições.

- **Oráculos**: Alguns contratos inteligentes requerem dados externos para acionar a sua execução. Os oráculos são serviços ou mecanismos de terceiros que fornecem esses dados externos aos contratos inteligentes, fazendo a ponte entre a blockchain e as informações do mundo real.

Os contratos inteligentes ganharam uma atenção significativa e são um bloco de construção fundamental de aplicações descentralizadas baseadas em blockchain (DApps). Eles têm o potencial de revolucionar as indústrias, automatizando processos, reduzindo fraudes e aumentando a transparência e a eficiência. No entanto, os programadores devem considerar cuidadosamente as melhores práticas de segurança ao criar contratos inteligentes para mitigar vulnerabilidades e garantir a sua fiabilidade.

### 3.1.2 Como é que um contrato inteligente funciona?

- **Identificar o acordo:** Várias partes identificam a oportunidade de cooperação e os resultados desejados e os acordos podem incluir processos comerciais, trocas de activos, etc.

- **Definir condições:** Os contratos inteligentes podem ser iniciados pelas próprias partes ou quando determinadas condições são cumpridas, como índices do mercado financeiro, eventos como localizações GPS, etc.

- **Codificar a lógica empresarial:** É escrito um programa de computador que será executado automaticamente quando os parâmetros condicionais forem cumpridos.

- **Encriptação e tecnologia de cadeia de blocos:** A encriptação permite a autenticação e a transferência seguras de mensagens entre as partes relacionadas com contratos inteligentes.

- **Execução e processamento:** Na iteração da cadeia de blocos, sempre que é alcançado um consenso entre as partes relativamente à autenticação e verificação, o código é executado e os resultados são registados para efeitos de conformidade e verificação.

- **Actualizações da rede:** Depois de os contratos inteligentes serem executados, todos os nós da rede actualizam o seu livro-razão para refletir o novo estado. Uma vez que o registo é publicado e verificado na rede blockchain, não pode ser modificado, está apenas em modo de anexação.

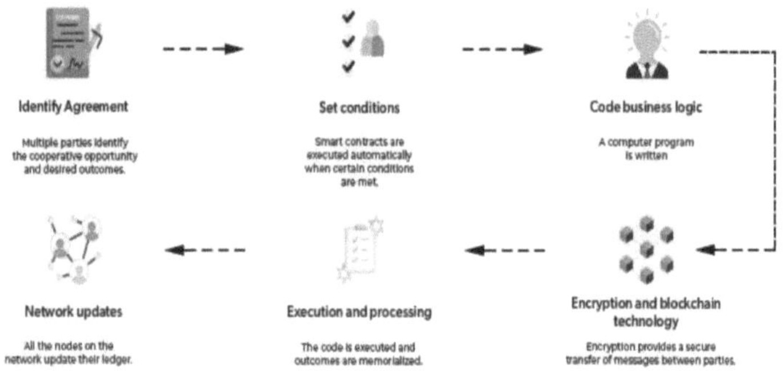


*Figura 3.2: Como funciona um contrato inteligente?*

## 3.2 Ethereum

**Ethereum** é uma rede blockchain que introduziu uma linguagem de programação Turing-completa incorporada que pode ser usada para criar várias aplicações descentralizadas (também chamadas DApps). A rede Ethereum é alimentada pela sua moeda criptográfica chamada 'ether'.

- A rede Ethereum é atualmente famosa por permitir a implementação de contratos inteligentes. Os contratos inteligentes podem ser considerados como "cacifos bancários criptográficos" que contêm determinados valores.
- Estes cacifos criptográficos só podem ser desbloqueados quando estão reunidas determinadas condições.
- Ao contrário da Bitcoin, a Ethereum é uma rede que pode ser aplicada a vários

outros sectores.

- O Ethereum é frequentemente designado por Blockchain 2.0, uma vez que provou o potencial da tecnologia blockchain para além do sector financeiro.
- O mecanismo de consenso utilizado no Ethereum é o Proof of Stake (PoS), que é mais eficiente em termos energéticos quando comparado com o utilizado na rede Bitcoin, ou seja, o Proof of Work (PoW) PoS depende da quantidade de participação que um nó detém.

### 3.2.1 História do Ethereum

**2013:** O Ethereum foi descrito pela primeira vez no livro branco de Vitalik Buterin em 2013 com o objetivo de desenvolver aplicações descentralizadas.

**2014:** Em 2014, o EVM foi especificado num documento de Gavin Wood, e o desenvolvimento formal do software também começou.

**2015:** Em 2015, o Ethereum criou o seu bloco de génese, marcando o lançamento oficial da plataforma.

**2018:** Em 2018, o Ethereum ficou em segundo lugar no Bitcoin em termos de capitalização de mercado.

**2021:** Em 2021, uma grande atualização da rede denominada London incluiu a proposta de melhoria 1559 da Ethereum e introduziu um mecanismo para reduzir a volatilidade das taxas de transação.

**2022:** Em 2022, o Ethereum passou de um mecanismo de consenso PoW (Proof-of-Work) para um PoS (Proof-of-State), também conhecido como Ethereum Merge. Reduziu o consumo de energia do Ethereum em ~ 99,95%.

### 3.2.2 Características do Ethereum

- **Contratos inteligentes:** O Ethereum permite a criação e a implementação de contratos inteligentes. Os contratos inteligentes são criados principalmente utilizando uma linguagem de programação chamada solidity. Solidity é uma linguagem de programação orientada para objectos que é comparativamente fácil de aprender.

- **Máquina Virtual Ethereum (EVM):** Foi concebida para funcionar como um ambiente de tempo de execução para compilar e implementar contratos inteligentes baseados no Ethereum.
- **Éter:** Ether é a moeda criptográfica da rede Ethereum. É a única forma de pagamento aceitável para as taxas de transação na rede Ethereum.
- **Aplicações de descentralização (Dapps):** As Dapps têm o seu código de backend a correr numa rede peer-to-peer descentralizada. Pode ter um frontend e uma interface de utilizador escritos em qualquer linguagem para fazer chamadas e consultar dados a partir do seu backend. Funcionam no Ethereum e desempenham a mesma função, independentemente do ambiente em que são executados.
- **Organização Autónoma de Descentralização (DAO):** É uma organização descentralizada que funciona de forma democrática e descentralizada. A DAO baseia-se em contratos inteligentes para a tomada de decisões ou sistemas de votação descentralizados dentro da organização.

### 3.2.3 Tipo de contas Ethereum

**O Ethereum** tem dois tipos de contas: Uma conta de propriedade externa (EOA) e uma conta de contrato.

Estas são explicadas a seguir:

- **Conta de propriedade externa (EOA):** As contas de propriedade externa são controladas por chaves privadas. Cada EOA tem um par de chaves público-privadas. Os utilizadores podem enviar mensagens através da criação e assinatura de transacções.
- **Conta do contrato:** As contas de contrato são controladas por códigos de contrato. Estes códigos são guardados com a conta. Cada conta de contrato tem um saldo de éter associado a ela. O código de contrato destas contas é ativado sempre que uma transação de uma EOA ou uma mensagem de outro contrato é

recebida por ela. Quando o código de contrato é ativado, permite ler/escrever a mensagem no armazenamento local, enviar mensagens e criar contratos.

### 3.2.4 Como funciona o Ethereum?

O Ethereum implementa um ambiente de execução denominado Máquina Virtual Ethereum (EVM).

- Quando uma transação desencadeia um contrato inteligente, todos os nós da rede executam todas as instruções.
- Todos os nós executarão o EVM como parte da verificação do bloco, em que os nós percorrerão as transacções listadas no bloco e executarão o código desencadeado pela transação no EVM.
- Todos os nós da rede devem efetuar os mesmos cálculos para manter os seus registos sincronizados.
- Cada transação deve incluir:
  - Limite de gás.
  - Taxa de transação que o remetente está disposto a pagar pela transação.
- Se a quantidade total de gás necessária para processar a transação for inferior ou igual ao limite de gás, a transação será processada; se a quantidade total de gás necessária for superior ao limite de gás, a transação não será processada e as taxas continuarão a ser perdidas.
- Assim, é seguro enviar transacções com o limite de gás acima da estimativa para aumentar as hipóteses de serem processadas.

### 3.2.5 Aplicação do Ethereum no mundo real

- **Votação:** Os sistemas de votação estão a adotar o Ethereum. Os resultados das sondagens estão disponíveis publicamente, garantindo um sistema transparente e justo, eliminando assim as más práticas de votação.

- **Acordos:** Com os contratos inteligentes da Ethereum, os acordos e contratos podem ser mantidos e executados sem qualquer alteração. O Ethereum pode ser utilizado para criar contratos inteligentes e para registar digitalmente transacções com base nos mesmos.
- **Sistemas bancários:** Devido à natureza descentralizada da cadeia de blocos Ethereum, torna-se difícil para os hackers obterem acesso não autorizado à rede. Também torna os pagamentos na rede Ethereum seguros, pelo que os bancos estão a utilizar o Ethereum como um canal para efetuar pagamentos.
- **Transporte marítimo:** O Ethereum fornece uma estrutura de rastreamento que ajuda no rastreamento da carga e evita que as mercadorias sejam extraviadas.
- **Crowdfunding:** A aplicação de contratos inteligentes Ethereum a plataformas de financiamento coletivo baseadas em cadeias de blocos ajuda a aumentar a confiança e a simetria da informação. Cria muitas possibilidades para as empresas em fase de arranque angariarem fundos para criar a sua criptomoeda digital.
- **Nomes de domínio:** O serviço de nomes Ethereum permite aos utilizadores de criptomoedas comprar e gerir os seus nomes de domínio no Ethereum, simplificando assim as transacções descentralizadas sem exigir que os utilizadores se lembrem de endereços longos e legíveis por máquina. Benefícios do Ethereum

- **Disponibilidade:** Como a rede Ethereum é descentralizada, não há tempo de inatividade. Mesmo que um nó caia, outros nós de computação estão disponíveis.
- **Privacidade:** Os utilizadores não precisam de introduzir as suas credenciais quando utilizam a rede para trocas, o que lhes permite manter o anonimato.
- **Segurança:** O Ethereum foi concebido para não poder ser pirateado, uma vez que os piratas informáticos têm de obter o controlo da maioria dos nós da rede para a explorar.

- **Menos ambiguidade:** Os contratos inteligentes que são utilizados como base para o comércio e o acordo no Ethereum asseguram contratos mais sólidos que diferem dos contratos tradicionais normais que exigem acompanhamento e interpretação.
- **Implantação rápida:** Nas redes descentralizadas Ethereum, as empresas podem facilmente implantar e gerenciar redes privadas de blockchain em vez de codificar a implementação de blockchain do zero.
- **Tamanho da rede:** A rede Ethereum pode funcionar com centenas de nós e milhões de utilizadores.
- **Coordenação de dados:** A arquitetura descentralizada do Ethereum distribui melhor a informação para que os participantes na rede não tenham de depender de uma entidade central para gerir o sistema e mediar as transacções.

### 3.2.6 Desvantagens do Ethereum

- **Linguagem de programação complicada:** Aprender solidity a partir da programação de contratos inteligentes no Ethereum pode ser um desafio e uma das principais preocupações é a escassez de aulas para principiantes.
- **Criptomoeda volátil:** O investimento em Ethereum pode ser arriscado, uma vez que o preço do Ether é muito volátil, resultando em ganhos significativos, bem como numa perda significativa.
- **Baixa taxa de transação:** A Bitcoin tem uma taxa de transação média de 7 TPS e a Ethereum tem uma velocidade média de 15 TPS, o que é quase o dobro da Bitcoin, mas ainda não é suficiente.

## 3.3 Bitcoin Vs Ethereum

### 3.3.1 Bitcoin

A Bitcoin é uma moeda digital que pode ser transferida numa rede peer-to-peer (P2P) sem a necessidade de qualquer autoridade central.

Foi inventado por uma pessoa ou grupo de pessoas com o nome Satoshi Nakamoto em 2008.

Todas as transacções são armazenadas num livro-razão distribuído imutável.

- A Bitcoin é criada, armazenada, transaccionada e distribuída através de um sistema descentralizado conhecido como Blockchain.
- Um livro-razão público regista todas as transacções da Bitcoin e são mantidas cópias em todos os servidores do mundo.
- Não é necessário comprar um bitcoin inteiro, pode comprar-se apenas uma fração se for necessário.
- BTC é a abreviatura de Bitcoin.

### 3.3.2 Ethereum

Ethereum é uma plataforma distribuída baseada em blockchain.

A moeda da rede Ethereum é conhecida como Ether (ETH).

Também neste caso, as transacções são armazenadas num livro-razão distribuído imutável.

- O Ethereum foi concebido para ser escalável, descentralizado e programável.
- Fornece uma plataforma flexível para criar aplicações utilizando a linguagem de script solidity.
- As transacções são enviadas e recebidas em contas Ethereum criadas pelo utilizador.
- É uma plataforma baseada na cadeia de blocos com a moeda criptográfica Ether (ETH).

### 3.2.3 Bitcoin Vs Ethereum

- A Bitcoin e a Ethereum têm muitas semelhanças, mas há algumas visões e limitações diferentes a longo prazo que fazem delas duas redes de cadeias de blocos diferentes, que têm os seus prós e contras e são adequadas a diferentes necessidades dos utilizadores.

| Basis | Bitcoin | Ethereum |
|---|---|---|
| Definition | Bitcoin (abbreviation: BTC; sign: ₿) is a decentralized digital currency that can be transferred on the peer-to-peer bitcoin network. | Ethereum is a decentralized global software platform powered by blockchain technology. It is most commonly known for its native cryptocurrency, ether (ETH). |
| History | The word bitcoin was defined in a white paper published on 31 October 2008. The currency began use in 2009. | Ethereum was conceived in 2013 by programmer Vitalik Buterin, and then went live on 30 July 2015. |
| Purpose | The purpose of bitcoin was to replace national currencies during the financial crisis of 2008. | The purpose of Ethereum was to utilize blockchain technology for maintaining a decentralized payment network and storing computer code. |
| Smart Contract Programming Language | Smart contracts on Bitcoin are written in programming languages like Script, Clarity. | Smart contracts on Ethereum are written in programming languages like Solidity, Vyper, etc. |
| Transactions | Generally, bitcoin transactions are only for keeping notes. | Ethereum transactions may contain some executable code. |
| Hash Algorithm | Bitcoin runs on the SHA-256 hash algorithm. | Ethereum runs on the Keccak-256 hash algorithm. |
| Consensus Mechanism | The Proof-of-Work (PoW) is the consensus mechanism used by the Bitcoin network. | The Proof-of-Stake is the consensus mechanism used by Ethereum. |

*Tabela 1: Diferença entre Bitcoin e Ethereum*

| | bitcoin | ethereum |
|---|---|---|
| **concept** | digital money | smart contracts |
| **transaction** | send from alice to bob | send from alice to bob if..<br>• date = jan 1, 2018<br>• bob's balance < 10 eth |
| **market cap** | ~$18 billion | ~$1 billion |
| **founder** | satoshi nakamoto (unknown) | vitalik buterin and team |
| **release date** | jan 2009 | july 2015 |
| **release method** | early mining | presale raised $18M in bitcoin |

*Figura 3.3: Diferença fundamental entre Bitcoin e Ethereum*

## Perguntas

1. O que é que entende por Ethereum?

2. Explicar a diferença entre Bitcoin e Ethereum na cadeia de blocos.

3. Explicar em pormenor os contratos inteligentes.

4. Qual é a estrutura do Ethereum? Explique com diagramas.

5. Explicar os principais componentes do funcionamento da cadeia de blocos Ethereum.

6. Quais são as características do Ethereum? Explique cada ponto.

7. Explicar o modelo de consenso no Ethereum e a sua importância para a evolução.

8. O que é que se entende por modelo de incentivo na cadeia de blocos Ethereum? Como é que funciona?

# Capítulo 4: Técnicas da tecnologia Blockchain

## 4.1 Níveis de cadeia de blocos

A tecnologia Blockchain pode ser dividida em diferentes níveis ou gerações, cada uma representando avanços e melhorias em relação à anterior.

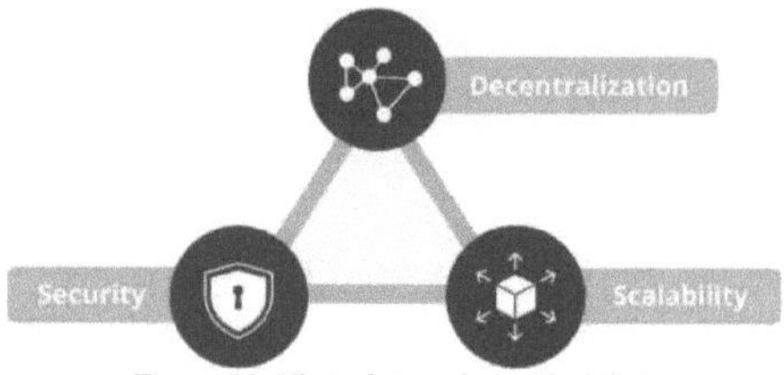


*Figura 4.1: Níveis da tecnologia Blockchain*

Desde a minha última atualização de conhecimentos em setembro de 2021, eis os três principais níveis da tecnologia de cadeias de blocos:

1. **Blockchain de primeira geração (Blockchain 1.0):**

- A Bitcoin, criada por uma entidade anónima conhecida como Satoshi Nakamoto, introduziu a primeira geração da tecnologia de cadeia de blocos.
- O principal caso de utilização da Bitcoin é como uma moeda digital descentralizada (criptomoeda).
- Baseia-se num mecanismo de consenso Proof of Work (PoW) para garantir a segurança da rede.
- As transacções são transparentes e imutáveis, mas a linguagem de script da cadeia de blocos é limitada, permitindo apenas operações básicas.

2. **Blockchain de segunda geração (Blockchain 2.0):**

- O Ethereum, lançado por Vitalik Buterin em 2015, é frequentemente considerado o pioneiro da segunda geração da tecnologia de cadeia de blocos.
- O Ethereum introduziu o conceito de contratos inteligentes, que são

contratos auto-executáveis com regras e condições predefinidas.

- Os contratos inteligentes permitem a criação de aplicações descentralizadas (DApps) na plataforma Ethereum.
- O Ethereum utiliza um mecanismo de consenso PoW, semelhante ao do Bitcoin, mas tem planos para fazer a transição para a Prova de Participação (PoS) no Ethereum 2.0 para melhorar a escalabilidade e a eficiência energética.
- Outras cadeias de blocos de segunda geração, como a EOS, a Cardano e a Tezos, também surgiram com as suas próprias características e melhorias.

3. **Blockchain de terceira geração (Blockchain 3.0):**

- As cadeias de blocos de terceira geração têm por objetivo resolver os problemas de escalabilidade, interoperabilidade e sustentabilidade que surgiram nas gerações anteriores.
- Recorrem frequentemente a mecanismos de consenso inovadores, como o PoS, o Delegated Proof of Stake (DPoS) ou o Proof of Authority (PoA), para melhorar a eficiência.
- Estas cadeias de blocos dão prioridade à interoperabilidade, permitindo que diferentes cadeias de blocos comuniquem e troquem informações sem problemas.
- Centram-se na sustentabilidade, abordando as questões relacionadas com o consumo de energia, muitas vezes através da utilização de PdV ou de outros mecanismos de consenso amigos do ambiente.
- Exemplos de cadeias de blocos de terceira geração incluem Polkadot, Cosmos e Algorand.

É importante notar que o espaço do blockchain está em constante evolução e novas gerações de tecnologia de blockchain podem ter surgido desde minha última atualização em setembro de 2021. Além disso, projetos individuais dentro de cada geração podem ter recursos e capacidades exclusivos que os diferenciam de outros na mesma geração.

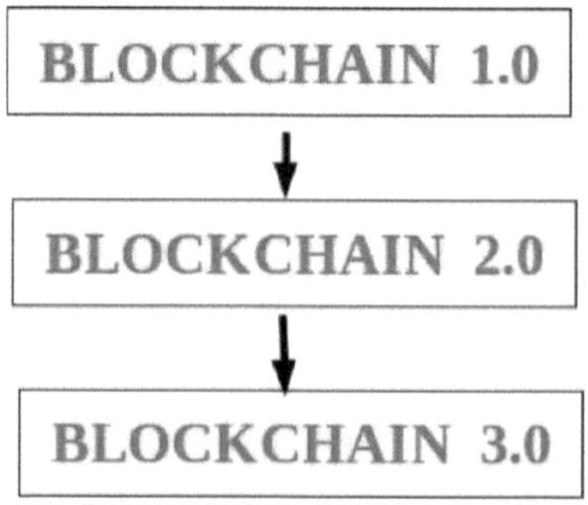


*Figura 4.2: Avaliação da cadeia de blocos*

## 4.2 Cadeia de blocos 1.O

- A Blockchain 1.0 também é utilizada para a criptomoeda.
- A versão 1.0 foi introduzida em 2005 por Hall Finley, que implementa a DLT (Distributed Ledger Technology) e representa a sua primeira aplicação baseada na criptomoeda.
- Isto permite transacções financeiras baseadas na tecnologia Blockchain ou DTL que são executadas com a ajuda da Bitcoin.
- Este tipo de versão não tem permissões, uma vez que qualquer participante pode efetuar uma transação válida de Bitcoin. Este tipo é usado principalmente em moeda e pagamentos.
- O Blockchain 1.0 ou Blockchain Versão 1.0 tinha como objetivo introduzir um livro-razão transparente, acessível ao público, completamente descentralizado, imutável e um sistema distribuído de transacções no mercado financeiro global.
- A Blockchain 1.0 foi desenvolvida com base na ideia e na estrutura da

Bitcoin.

- Centrou-se principalmente no desenvolvimento e na criação de novas criptomoedas.

- A cadeia de blocos 1.0 é frequentemente designada por um livro-razão digital, descentralizado e distribuído que regista as transacções numa base de dados partilhada por todos os nós, actualizada por mineiros da cadeia de blocos e mantida e monitorizada por todos, sem propriedade individual.

### 4.2.1 Aspectos fundamentais da cadeia de blocos 1.O

a) **Bitcoin:** A primeira e mais conhecida aplicação da tecnologia de cadeia de blocos é a Bitcoin, que foi introduzida num livro branco por uma pessoa ou grupo de pessoas anónimas utilizando o pseudónimo Satoshi Nakamoto em 2008. A Bitcoin é uma moeda digital descentralizada que utiliza a tecnologia de cadeia de blocos para registar transacções e gerir a emissão de novas moedas. Serviu de protótipo para muitas outras criptomoedas que se seguiram.

b) **Cryptocurrency:** O Blockchain 1.0 centrou-se principalmente no desenvolvimento e utilização de criptomoedas como forma digital de dinheiro. Estas criptomoedas foram construídas com base na tecnologia de cadeia de blocos e funcionavam independentemente das instituições financeiras tradicionais.

c) **Prova de Trabalho (PoW):** A maioria das redes Blockchain 1.0, incluindo a Bitcoin, baseava-se no algoritmo de consenso PoW. O PoW requer que os participantes (mineiros) resolvam puzzles matemáticos complexos para validar transacções e adicionar novos blocos à cadeia de blocos. Este processo, que consome muita energia, foi utilizado para proteger a rede.

d) **Funcionalidade limitada de contratos inteligentes:** Embora a linguagem de script do Bitcoin permitisse algumas capacidades básicas de contrato inteligente, era limitada em comparação com o que as gerações posteriores de blockchain (Blockchain 2.0 e 3.0) ofereceriam. Os contratos inteligentes são contratos auto-executáveis com os termos do acordo escritos diretamente no código.

e) **Foco na moeda digital:** A Blockchain 1.0 foi associada principalmente à criação e transferência de moedas digitais. O seu principal caso de utilização era como um sistema de dinheiro digital descentralizado.

f) **Pública e sem permissão:** A maioria das redes Blockchain 1.0 eram públicas e sem permissões, o que significa que qualquer pessoa podia participar na rede, ver o registo da blockchain e minerar ou transacionar com a moeda criptográfica.

g) **Desafios de escalabilidade:** As redes Blockchain 1.0, especialmente a Bitcoin, enfrentaram desafios de escalabilidade em termos de velocidade e custo de processamento das transacções.

A Blockchain 1.0 preparou o terreno para novos desenvolvimentos no espaço da blockchain, incluindo o surgimento de plataformas de blockchain mais avançadas e a expansão de casos de utilização para além da moeda digital. Estas gerações subsequentes de cadeias de blocos, frequentemente referidas como Blockchain 2.0 e Blockchain 3.0, introduziram funcionalidades como contratos inteligentes, aplicações descentralizadas (DApps) e interoperabilidade entre diferentes cadeias de blocos.

## 4.3 Cadeia de blocos 2.O

- A Blockchain 2.0 também é utilizada para **contratos inteligentes**.
- A nova versão do Blockchain surgiu porque havia um problema na versão 1.0, que era a mineração de Bitcoin era um desperdício e também havia uma falta de escalabilidade da rede. Assim, o problema foi melhorado na versão 2.0.
- Nesta versão, a Blockchain não se limita apenas às criptomoedas, mas estender-se-á aos contratos inteligentes.
- Assim, os Pequenos Contratos são pequenos computadores que vivem nas

Cadeias de Blocos.

- Estes pequenos computadores são programas de computador gratuitos que são executados automaticamente e verificam as condições definidas anteriormente, como a facilitação, a verificação ou a aplicação, e reduzem a eficiência dos custos das transacções.

Na Blockchain 2.0, a Bitcoin é substituída pela Ethereum. Assim, a Blockchain 2.0 conseguiu processar rapidamente um elevado número de transacções em redes públicas.

### 4.3.1 Aspectos fundamentais da Blockchain 2.O

a) **Contratos inteligentes:** Uma das características que definem o Blockchain 2.0 é a introdução de contratos inteligentes. Os contratos inteligentes são contratos auto-executáveis com os termos do acordo diretamente codificados em código. Permitem a automatização de processos e transacções complexos sem a necessidade de intermediários. O Ethereum, lançado em 2015 por Vitalik Buterin, é o exemplo mais notável de uma plataforma Blockchain 2.0 que popularizou os contratos inteligentes.

b) **Aplicações descentralizadas (DApps):** As plataformas Blockchain 2.0 permitem o desenvolvimento de DApps. Trata-se de aplicações que são executadas em redes de cadeia de blocos, utilizando contratos inteligentes para executar várias funções. As DApps podem ser criadas para uma vasta gama de casos de utilização, desde finanças e gestão da cadeia de fornecimento a jogos e redes sociais.

c) **Ethereum:** Ethereum é a plataforma Blockchain 2.0 mais proeminente. Introduziu o conceito de um "computador mundial" onde os programadores podem criar e implementar aplicações descentralizadas utilizando contratos inteligentes. A criptomoeda nativa da Ethereum, Ether (ETH), é utilizada para pagar taxas de transação e serviços computacionais na rede.

d) **Tokens e padrões de token:** O Blockchain 2.0 viu o surgimento de vários padrões de token, como o padrão ERC-20 baseado em Ethereum. Esses padrões permitem a criação de tokens fungíveis e não fungíveis (NFTs), que encontraram aplicações em áreas como ativos tokenizados, colecionáveis e jogos.

e) **Interoperabilidade:** Alguns projectos Blockchain 2.0 visavam resolver os desafios da interoperabilidade, permitindo que diferentes cadeias de blocos comunicassem e partilhassem dados. Este foi um passo importante para a criação de um ecossistema de cadeias de blocos mais conectado e versátil.

f) **Soluções de escalabilidade:** Para resolver os problemas de escalabilidade que se tornaram aparentes no Blockchain 1.0 (por exemplo, processamento lento de transacções e taxas elevadas), as plataformas Blockchain 2.0 começaram a explorar soluções como sharding e soluções de escalabilidade da Camada 2.

g) **Boom das ICO:** A Blockchain 2.0 foi marcada pelo boom das Ofertas Iniciais de Moeda (ICO), em que as startups e os projectos angariaram fundos através da emissão dos seus tokens em plataformas como a Ethereum. Embora as ICOs tenham oferecido uma nova forma de angariar capital, também enfrentaram um escrutínio regulamentar devido a potenciais fraudes e à falta de proteção dos investidores.

h) **Casos de utilização para além da moeda:** Com a introdução de contratos inteligentes e DApps, o Blockchain 2.0 expandiu os casos de uso para além da moeda digital. Tornou-se uma plataforma para a criação de aplicações descentralizadas para várias indústrias, incluindo finanças, cuidados de saúde, cadeia de fornecimento e muito mais.

A Blockchain 2.O representou um avanço significativo no espaço da blockchain, permitindo uma maior flexibilidade e versatilidade no desenvolvimento de aplicações descentralizadas e contratos inteligentes, lançando as bases para novas inovações na Blockchain 3.0 e mais além.

## 4.4 Cadeia de blocos 3.O

- A Blockchain 3.0 também é utilizada para **DApps**.
- Após a versão 2.0, foi introduzida uma nova versão que inclui DApps, conhecida como Decentralized Apps (aplicações descentralizadas).
- Uma DApp é como uma aplicação convencional, pode ter um frontend escrito em qualquer linguagem que faça chamadas para o seu backend, e o seu código de backend está a correr numa rede descentralizada Peer-To-Peer.
- Utiliza o armazenamento e a comunicação descentralizados, que podem ser Ethereum Swarm, etc. Os DApps são descentralizados, ou seja, não há um único proprietário/autoridade que garanta transparência, maior segurança, dados acessíveis a todos, sem censura e desenvolvimento flexível.
- As DApps trazem muitos benefícios, como o tempo de inatividade zero, garantindo a privacidade, a integridade dos dados e uma comunicação sem confiança e segura (negócios, transacções, etc.).
- Existem muitas aplicações descentralizadas como Bit Message, BitTorrent, Tor, Popcorn, etc.

**Vantagens :**

- A transação tem lugar sem necessidade de um intermediário terceiro que garanta a segurança dos dados e informações.
- A Blockchain utiliza a criptografia para garantir que a informação está bloqueada dentro da Blockchain.
- A cadeia de blocos elimina a duplicação de registos, o que acelera as transacções.

**Desvantagens :**

- Existe sempre o risco de erro, desde que o fator humano esteja evoluído.
- O custo de transação da Bitcoin é bastante elevado.

- A tecnologia Blockchain é imutável, o que significa que não podemos efetuar quaisquer alterações quando são inseridos dados ou informações.

### 4.4.1 Aspectos fundamentais da cadeia de blocos 3.O

- **Soluções de escalabilidade**: As plataformas Blockchain 3.0 têm como objetivo ultrapassar os desafios de escalabilidade enfrentados pelas gerações anteriores. Implementam várias técnicas, como sharding, sidechains e algoritmos de consenso, como Proof of Stake (PoS) ou Delegated Proof of Stake (DPoS), para obter um maior rendimento das transacções e uma menor latência.
- **Interoperabilidade**: O Blockchain 3.0 enfatiza a interoperabilidade entre diferentes redes de blockchain. O seu objetivo é criar um ecossistema de cadeias de blocos mais ligado e sem descontinuidades, em que os dados e os activos possam fluir entre diferentes cadeias de blocos sem atritos. São desenvolvidos protocolos e normas de comunicação entre cadeias para permitir esta interoperabilidade.
- **Melhorias na segurança**: Para melhorar a segurança, as plataformas Blockchain 3.0 implementam frequentemente algoritmos de consenso avançados, métodos de encriptação robustos e técnicas de verificação formal para contratos inteligentes. As violações e vulnerabilidades de segurança são tratadas de forma mais abrangente.
- **Sustentabilidade e eficiência energética**: As preocupações com o consumo de energia das redes blockchain, particularmente as que utilizam o consenso Proof of Work (PoW), levaram os projectos Blockchain 3.0 a adotar mecanismos de consenso mais ecológicos, como o Proof of Stake (PoS) ou variações do PoS. Estes mecanismos requerem muito menos energia para a validação das transacções.
- **Recursos de privacidade**: As plataformas Blockchain 3.0 incorporam frequentemente funcionalidades de privacidade melhoradas, tais como provas de conhecimento zero, assinaturas em anel e transacções confidenciais. Estas

tecnologias permitem aos utilizadores realizar transacções privadas e partilhar dados de forma selectiva, mantendo a transparência da cadeia de blocos.

- **Adoção empresarial**: As plataformas Blockchain 3.0 pretendem ser mais atractivas para as empresas, fornecendo funcionalidades de nível empresarial, como redes com permissões, modelos de governação personalizáveis e ferramentas para conformidade regulamentar. Procuram dar resposta às necessidades específicas das empresas que pretendem tirar partido da tecnologia de cadeia de blocos.

- **Tokenização de activos reais**: A Blockchain 3.0 facilita a tokenização de activos do mundo real, como imóveis, acções e mercadorias. Isto permite um comércio mais fácil e mais eficiente e a propriedade de activos físicos através de tokens digitais na cadeia de blocos.

- **DeFi (Finanças Descentralizadas) e NFTs (Tokens Não Fungíveis)**: O Blockchain 3.0 viu o crescimento explosivo do DeFi, onde serviços financeiros como empréstimos, empréstimos e negociações são descentralizados e acessíveis a qualquer pessoa. Além disso, os NFTs, que ganharam destaque no Blockchain 2.0, continuaram a florescer nesta geração, com casos de uso mais diversos além da arte digital e dos itens colecionáveis.

Exemplos de projectos e plataformas Blockchain 3.0 incluem Polkadot, Cardano, Solana e Avalanche, entre outros. Estas plataformas têm como objetivo fornecer um ecossistema de cadeias de blocos mais escalável, seguro e interligado que possa suportar uma vasta gama de aplicações e casos de utilização para além das moedas digitais.

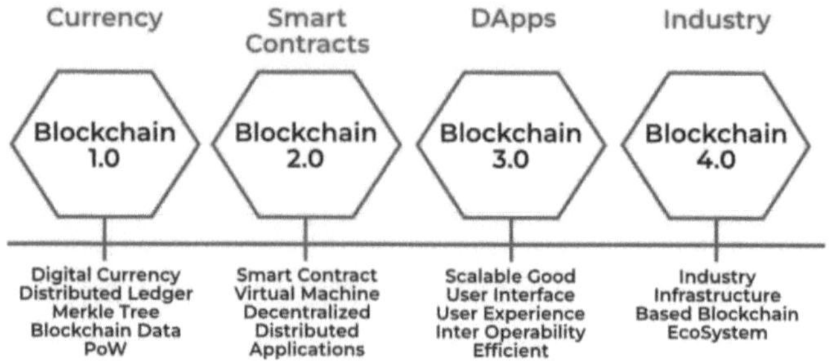


*Figura 4.3: Conceito da tecnologia Blockchain*

## 4.5 Tipos de cadeia de blocos

- A aplicação básica da cadeia de blocos consiste em efetuar transacções numa rede segura. É por isso que as pessoas usam a tecnologia blockchain e ledger em diferentes cenários. É possível configurar multichain para impedir o acesso não autorizado a dados sensíveis.

Não está disponível para o público e só pode estar disponível para entidades autorizadas na organização.

- A escolha do tipo de trabalho depende da organização.
- A utilização da cadeia de blocos permite-nos acompanhar as encomendas e os pagamentos de ponta a ponta.

**Vantagens da utilização da cadeia de blocos :**

- Proporciona uma maior confiança entre os utilizadores.
- Proporciona maior segurança entre os dados.
- Reduzir o custo de produção.
- Melhorar a velocidade.
- Invocação e tokenização.
- Fornece registos imutáveis.

- Contratos inteligentes

**Desvantagens da utilização da cadeia de blocos :**

- Não é possível alterar os dados.
- Requer um grande espaço de armazenamento para uma grande base de dados.
- O proprietário não pode voltar a aceder à chave privada se a esquecer ou perder.

### 4.5.1 Aplicações reais da cadeia de blocos

1. Num sistema de gestão de votações seguro e totalmente à prova de erros.
2. Para a gestão da cadeia de abastecimento.
3. Na gestão dos cuidados de saúde.
4. Projectos imobiliários.
5. Mercado NFT.
6. Evitar os direitos de autor e a criação de conteúdos originais.
7. No sistema de identidade pessoal
8. Para efetuar uma cópia de segurança imutável dos dados.
9. Internet das coisas

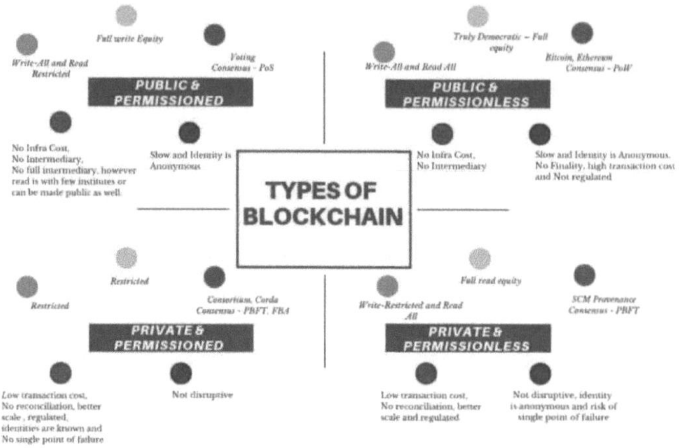


*Figura 4.4: Tipos de Blockchain*

## 4.5.2 Cadeia de blocos sem permissões

É também conhecida como cadeia de blocos pública ou sem confiança, que está disponível para todos participarem no processo de cadeia de blocos que é utilizado para validar transacções e dados.

Estes são utilizados na rede quando é necessária uma elevada transparência.

**Características:**

- A cadeia de blocos sem permissões não tem uma autoridade central.
- A plataforma é totalmente de código aberto.
- Transparência total da transação.
- Utilização intensiva de fichas.

**Vantagens:**

- Toda a gente pode participar, bastando para isso ter um bom hardware e internet.
- Promover a confiança entre utilizadores ou entidades.
- Tem um elevado nível de transparência, uma vez que se trata de uma rede de maior dimensão.
- Maior descentralização do acesso a um maior número de participantes.

**Desvantagens:**

- Baixa eficiência energética devido à grande rede.
- Escalabilidade de desempenho inferior.
- Menos privacidade, uma vez que muitos dos objectos são visíveis.

### 4.5.2 Cadeia de blocos com permissão

Estas são as redes fechadas em que apenas um conjunto de grupos está autorizado a validar transacções ou dados numa determinada rede blockchain.

Estes são utilizados na rede quando é necessária uma elevada privacidade e segurança.

**Características:**

- Uma caraterística importante é a transparência baseada no objetivo da organização.
- Outra caraterística é a falta de anatomia, uma vez que só é permitido um número limitado de utilizadores.
- Não tem uma autoridade central.
- Desenvolvido por uma entidade privada.

**Vantagens:**

- Esta cadeia de blocos tende a ser mais rápida, uma vez que tem alguns nós para validações.
- Podem oferecer a possibilidade de personalização.
- Privacidade forte, uma vez que é necessária autorização para aceder às informações da transação.
- Como são poucos os nós envolvidos, o desempenho e a escalabilidade aumentam.

**Desvantagens:**

- Não é verdadeiramente descentralizado, pois requer permissão
- Risco de corrupção, uma vez que apenas alguns participantes estão envolvidos.
- Em qualquer altura, o proprietário e o operador podem alterar as regras de acordo com as suas necessidades.

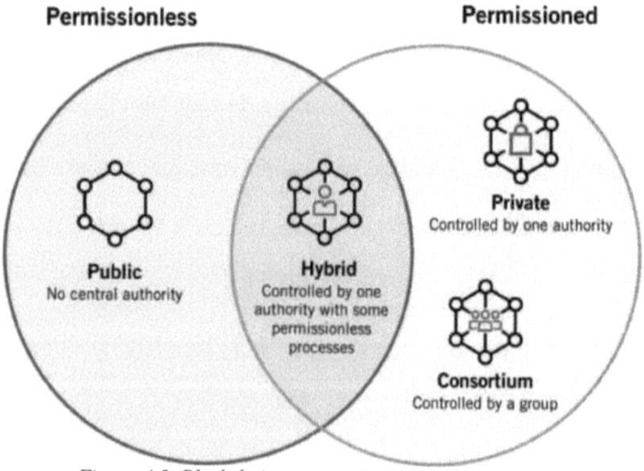


*Figura 4.5: Blockchain sem permissões e com permissões*

## 4.6 Cadeia de blocos pública

Estas cadeias de blocos estão completamente abertas a seguir a ideia de descentralização.

Não têm quaisquer restrições, qualquer pessoa com um computador e Internet pode

Participar na rede.

- Como o nome indica, esta cadeia de blocos está aberta ao público, o que significa que não é propriedade de ninguém.
- Qualquer pessoa com Internet e um computador com bom hardware pode participar nesta cadeia de blocos pública.
- Todos os computadores da rede possuem a cópia de outros nós ou blocos presentes na rede
- Nesta cadeia de blocos pública, podemos também efetuar a verificação de transacções ou registos.

**Vantagens:**

- **Fiável:** Existem algoritmos para detetar fraudes. Os participantes não precisam de se preocupar com os outros nós da rede
- **Seguro:** Esta blockchain é grande, pois está aberta ao público. Num tamanho grande, há uma maior distribuição de registos
- **Natureza anónima:** É uma plataforma segura para efetuar a sua transação de forma adequada e, ao mesmo tempo, não é obrigado a revelar o seu nome e identidade para participar.
- **Descentralizada:** Não existe uma plataforma única que mantenha a rede, em vez disso, cada utilizador tem uma cópia do livro-razão.

**Desvantagens:**

- **Processamento:** O ritmo do processo de transação é muito lento, devido à sua grande dimensão. A verificação de cada nó é um processo muito moroso.
- **Consumo de energia:** A prova de trabalho consome muita energia. Requer bom hardware para participar na rede
- **Aceitação:** Não existe uma autoridade central, pelo que os governos estão a

enfrentar o problema da implementação mais rápida da tecnologia.

**Casos de utilização:**

A cadeia de blocos pública é protegida com prova de trabalho ou prova de participação e pode ser utilizada para deslocar os sistemas financeiros tradicionais. O lado mais avançado desta cadeia de blocos é o contrato inteligente que permitiu a esta cadeia de blocos suportar a descentralização.

Exemplos de cadeias de blocos públicas são a Bitcoin e a Ethereum.

## 4.7 Cadeia de blocos privada

Estas cadeias de blocos não são tão descentralizadas como as cadeias de blocos públicas, apenas nós seleccionados podem participar no processo, o que as torna mais seguras do que as outras.

- Estas não são tão abertas como uma cadeia de blocos pública.
- Estão abertos apenas a alguns utilizadores autorizados.
- Estas cadeias de blocos são operadas numa rede fechada.
- Neste caso, poucas pessoas estão autorizadas a participar numa rede dentro de uma empresa/organização.

**Vantagens:**

- **Velocidade:** A taxa de transação é elevada, devido à sua pequena dimensão. A verificação de cada nó é menos demorada.
- **Escalabilidade:** Podemos modificar a escalabilidade. O tamanho da rede pode ser decidido manualmente.
- **Privacidade:** Aumentou o nível de privacidade por razões de confidencialidade, conforme exigido pelas empresas.
- **Equilibrado:** É mais equilibrado, uma vez que apenas alguns utilizadores têm acesso à transação, o que melhora o desempenho da rede.

**Desvantagens:**

- **Segurança:** O número de nós neste tipo de cadeia é limitado, pelo que existem hipóteses de manipulação. Estas cadeias de blocos são mais vulneráveis.
- **Centralizado:** A criação de confiança é uma das principais desvantagens devido à sua natureza centralizada. As organizações podem utilizá-lo para práticas ilícitas.
- **Contagem:** Uma vez que existem poucos nós, se os nós ficarem offline, todo o sistema da cadeia de blocos pode ficar em perigo.

**Casos de utilização:**

Com segurança e manutenção adequadas, esta cadeia de blocos é um grande trunfo para proteger informações sem as expor aos olhos do público. Por isso, as empresas utilizam-nas para auditorias internas, votações e gestão de activos.

Um exemplo de cadeias de blocos privadas é o Hyperledger, Corda.

## 4.8 Cadeia de blocos híbrida

É o conteúdo misto da cadeia de blocos privada e pública, em que uma parte é controlada por algumas organizações e outras são tornadas visíveis como uma cadeia de blocos pública.

- Trata-se de uma combinação de cadeias de blocos públicas e privadas.
- São utilizados sistemas baseados em permissões e sistemas sem permissões.
- Informações de acesso do utilizador através de contratos inteligentes.
- Mesmo que uma entidade primária possua uma cadeia de blocos híbrida, não pode alterar a transação.

**Vantagens:**

- **Ecossistema:** O aspeto mais vantajoso desta cadeia de blocos é a sua natureza híbrida. Não pode ser pirateada, uma vez que 51% dos utilizadores não têm acesso à rede.

- **Custo:** As transacções são baratas, uma vez que apenas alguns nós verificam a transação. Todos os nós não efectuam a verificação, pelo que o custo computacional é menor.
- **Arquitetura:** É altamente personalizável e mantém a integridade, a segurança e a transparência.
- **Operações:** Pode escolher os participantes na cadeia de blocos e decidir quais as transacções que podem ser tornadas públicas.

**Desvantagens:**

- **Eficiência:** Nem toda a gente está em condições de implementar uma Blockchain híbrida. A organização também enfrenta alguma dificuldade em termos de eficiência na manutenção.
- **Transparência:** Existe a possibilidade de alguém esconder informações do utilizador. Se alguém quiser obter acesso através de uma cadeia de blocos híbrida, depende da organização se o dará ou não.
- **Ecossistema:** Devido ao seu ecossistema fechado, esta cadeia de bloqueio carece de incentivos para a participação na rede.

**Casos de utilização:**

Proporciona uma solução mais abrangente para o sector dos cuidados de saúde, a administração pública, o sector imobiliário e as empresas financeiras. Constitui uma solução para os casos em que os dados devem ser acedidos publicamente, mas necessitam de ser protegidos em privado.

Exemplos de cadeias de blocos híbridas são a rede Ripple e o token XRP.

## 4.9 Consórcio Blockchain

Trata-se de uma abordagem criativa que resolve as necessidades da organização.

Esta cadeia de blocos valida a transação e também inicia ou recebe transacções.

- Também conhecida como Blockchain Federada.

- Trata-se de um método inovador para resolver as necessidades da organização.
- Uma parte é pública e outra parte é privada.
- Neste tipo, mais do que uma organização gere a cadeia de blocos.

**Vantagens:**

- **Rapidez:** Um número limitado de utilizadores torna a verificação rápida. A elevada velocidade torna-a mais útil para as organizações.
- **Autoridade:** Várias organizações podem participar e torná-lo descentralizado em todos os níveis. A autoridade descentralizada torna-o mais seguro.
- **Privacidade:** A informação dos blocos verificados é desconhecida do público, mas qualquer membro pertencente à blockchain pode aceder-lhe.
- **Flexível:** Há muita divergência quanto à flexibilidade da cadeia de blocos. Uma vez que não é muito grande, as decisões podem ser tomadas mais rapidamente.

**Desvantagens:**

- **Aprovação:** Todos os membros aprovam o protocolo, tornando-o menos flexível. Uma vez que uma ou mais organizações estão envolvidas, pode haver diferenças na visão de interesse.
- **Transparência:** Pode ser pirateado se a organização se tornar corrupta. As organizações podem esconder informações dos utilizadores.
- **Vulnerabilidade:** Se alguns nós estiverem a ser comprometidos, há uma maior probabilidade de vulnerabilidade nesta cadeia de blocos.

**Casos de utilização:**

Tem um elevado potencial em empresas, bancos e outros processadores de pagamentos. O rastreio alimentar das organizações colabora frequentemente com os seus sectores, tornando-a uma solução federada ideal para a sua utilização.

Exemplos de consórcios de Blockchain são o Tendermint e o Multichain.

## 4.10 Cadeias laterais

- As sidechains são cadeias de blocos separadas que estão ligadas a uma cadeia de blocos principal utilizando uma ligação bidirecional assimétrica.
- As sidechains são um conceito na tecnologia de cadeia de blocos que se refere a cadeias de blocos separadas e paralelas ligadas a uma cadeia de blocos principal, muitas vezes referida como a "cadeia principal" ou "cadeia-mãe".

- Estas sidechains são concebidas para trabalhar em conjunto com a mainchain, permitindo a transferência de activos, dados ou valores entre elas de uma forma segura e interoperável.

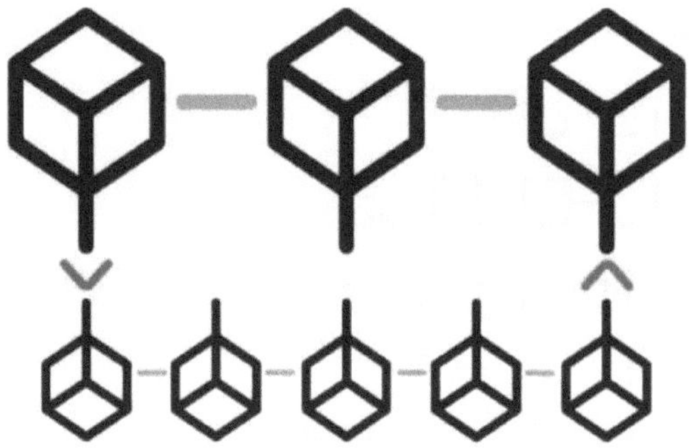

*Figura 4.6: Cadeias laterais*

### 4.10.1 Principais características e conceitos relacionados com as cadeias laterais

- **Objetivo e funcionalidade:**

**Cadeias paralelas:** As cadeias laterais são cadeias de blocos separadas que correm ao lado da cadeia principal (muitas vezes referida como a "cadeia principal"). Estas cadeias laterais podem ser consideradas cadeias paralelas com o seu próprio conjunto de regras e funcionalidades.

- **Interoperabilidade:**

  **Peg bidirecional:** Uma das principais características das sidechains é a capacidade de transferir activos ou dados entre a mainchain e a sidechain através de um mecanismo de peg bidirecional.

  **Bloqueio e desbloqueio:** Os utilizadores podem bloquear uma determinada quantidade de criptomoeda ou activos na cadeia principal, o que irá gerar um número equivalente de tokens na cadeia lateral. Por outro lado, os utilizadores podem desbloquear estes tokens na sidechain, o que irá então libertar os activos equivalentes na mainchain.

- **Personalização:**

  **Funcionalidade sob medida:** As sidechains podem ser personalizadas para atender a propósitos ou casos de uso específicos. Por exemplo, uma sidechain pode ser concebida para um processamento de transacções mais rápido,

  transacções confidenciais, ou para suportar características únicas de contratos inteligentes.

  **Mecanismos de consenso:** As sidechains podem empregar mecanismos de consenso diferentes dos da cadeia principal. Por exemplo, uma sidechain pode usar um consenso Proof of Stake (PoS) enquanto a mainchain usa Proof of Work (PoW).

- **Escalabilidade:**

  **Alívio da escalabilidade:** As sidechains podem ajudar a aliviar os desafios de escalabilidade que podem ser enfrentados pela cadeia principal. Ao transferir algumas transacções ou cálculos para as sidechains, a cadeia principal pode concentrar-se nas suas funções principais.

- **Segurança:**

  **Medidas de segurança:** Manter a segurança quando os activos se movem entre a mainchain e a sidechain é fundamental. São utilizadas várias medidas de segurança, como provas criptográficas e validadores descentralizados, para garantir a integridade e a segurança dos activos durante as transferências.

**Descentralização:** As sidechains visam manter uma descentralização semelhante à da mainchain, garantindo que uma única entidade ou grupo não tenha um controlo excessivo.

- **Casos de utilização:**

**Tokenização de activos:** As sidechains são utilizadas para a tokenização de activos, em que os activos do mundo real, como imóveis, acções ou mercadorias, são representados como tokens de blockchain numa sidechain. Isto facilita a negociação e a transferência destes activos.

**Privacidade e anonimato:** Algumas sidechains centram-se no reforço das características de privacidade e anonimato, tornando-as adequadas para transacções e dados confidenciais.

**Experimentação:** Os projectos de cadeias de blocos utilizam frequentemente cadeias laterais como caixas de areia para experimentar novos mecanismos de consenso ou funcionalidades de contratos inteligentes sem arriscar a estabilidade da cadeia principal.

**Aplicações específicas:** As sidechains podem atender a aplicações específicas, como jogos, gerenciamento da cadeia de suprimentos e verificação de identidade, adaptando suas funcionalidades aos requisitos exclusivos desses casos de uso.

As sidechains são um conceito fundamental na tecnologia blockchain que permite a criação de cadeias especializadas e paralelas ligadas a uma blockchain principal. Elas oferecem flexibilidade, escalabilidade e interoperabilidade, mantendo o foco na segurança e na descentralização. As sidechains desempenham um papel vital na expansão das capacidades e dos casos de utilização das redes de blockchain.

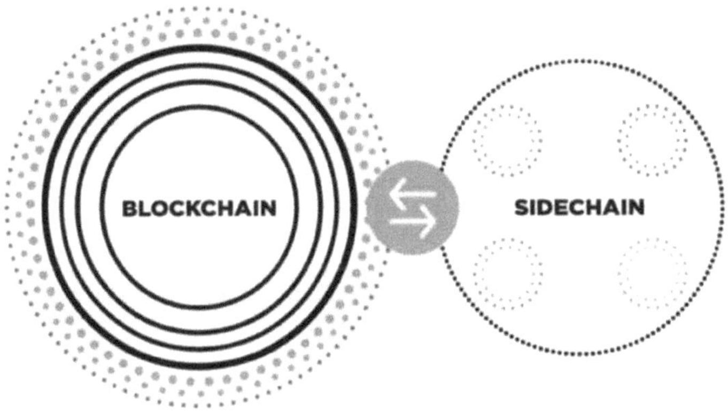


*Figura 4.7: Peg bidirecional entre a cadeia de blocos-mãe e as cadeias laterais*

## Perguntas

1. Explicar em pormenor os níveis da tecnologia de cadeia de blocos.
2. Qual é a diferença entre Blockchain 1.0, Blockchain 2.0 e Blockchain 3.0 com exemplos e diagramas de cada uma?
3. Quais são os tipos de cadeia de blocos?
4. Escrever a diferença entre cadeia de bloqueio pública, cadeia de bloqueio privada, cadeia de bloqueio híbrida e de consórcio com exemplos.
5. O que é que entende por "Sidechains"?

# Capítulo 5: Tipos de algoritmos de consenso

## 5.1 Algoritmo de consenso

Um algoritmo de consenso é um componente crucial na computação distribuída e na tecnologia blockchain que garante que todos os participantes de uma rede concordam com o estado atual do sistema.

Ajuda a manter a integridade e a consistência dos dados em vários nós de uma rede descentralizada.

Eis alguns dos principais algoritmos de consenso:

- **Prova de Trabalho (PoW):** O PoW é o algoritmo de consenso utilizado na Bitcoin e em muitas outras criptomoedas. Os participantes, chamados mineiros, competem para resolver puzzles matemáticos complexos. O primeiro a resolver o puzzle ganha o direito de adicionar um novo bloco à cadeia de blocos. O PoW consome muita energia, mas é altamente seguro.
- **Prova de aposta (PoS):** No PoS, os validadores são escolhidos para criar novos blocos e validar transacções com base no número de moedas que detêm e estão dispostos a "apostar" como garantia. Isto reduz o consumo de energia em comparação com o PoW e é utilizado em criptomoedas como o Ethereum 2.0.
- **Prova de participação delegada (DPoS):** A DPoS é uma variação da PoS em que os detentores de moedas votam num número mais reduzido de delegados que são responsáveis pela validação das transacções e pela criação de novos blocos. É mais rápido e mais escalável, mas pode ser visto como menos descentralizado.
- **Prova de autoridade (PoA):** Na PoA, os participantes na rede são conhecidos e têm uma reputação a manter. Um conjunto de autoridades é responsável pela validação das transacções. A PoA é frequentemente utilizada em cadeias de blocos privadas e de consórcio.
- **Tolerância prática a falhas bizantinas (PBFT):** O PBFT é um algoritmo de

consenso clássico usado em redes de blockchain com permissão. Garante o consenso entre um grupo de nós, mesmo que alguns deles sejam maliciosos ou tenham falhas.

- **Jangada:** O Raft é outro algoritmo de consenso concebido para ser utilizado em sistemas distribuídos para obter consenso. É frequentemente utilizado em sistemas que precisam de estar disponíveis e ser fiáveis, mas que não requerem a natureza descentralizada e sem confiança da cadeia de blocos.
- **Tendermint:** Tendermint é um algoritmo de consenso baseado em BFT projetado para uso em sistemas de blockchain. Ele combina elementos de PoS e BFT para alcançar velocidade e segurança.
- **Honey Badger BFT:** Este é um algoritmo de consenso baseado em BFT mais recente, concebido para ser altamente resiliente e escalável, sendo adequado para utilização em aplicações e redes descentralizadas.

A escolha do algoritmo de consenso depende dos requisitos específicos de uma rede ou cadeia de blocos. Alguns dão prioridade à descentralização e à segurança, enquanto outros têm como objetivo a escalabilidade e a eficiência energética. Diferentes casos de utilização podem exigir diferentes algoritmos de consenso para encontrar o equilíbrio certo entre estes factores.

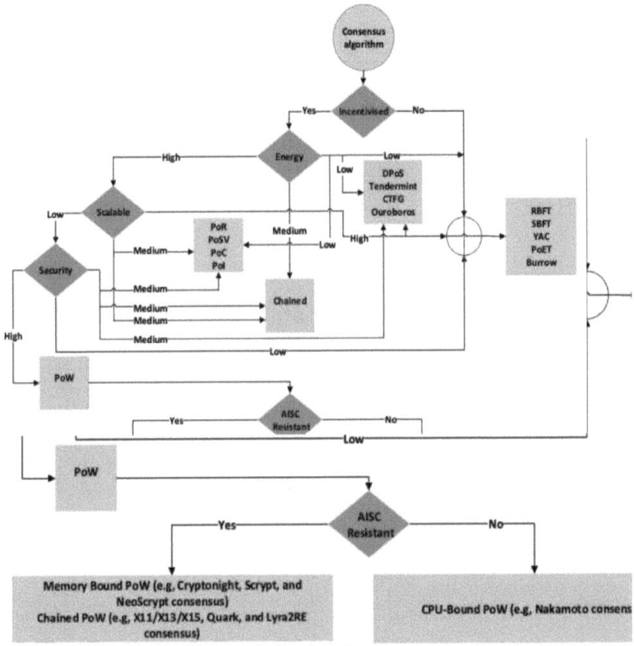


*Figura 5.1: Algoritmo de consenso*

## 5.2 <u>Prova de aposta</u>

- Proof of Stake (PoS) é um mecanismo de consenso utilizado em redes blockchain para validar e proteger transacções e criar novos blocos na blockchain.

- É uma alternativa à Prova de Trabalho (PoW), que é o mecanismo de consenso utilizado em criptomoedas populares como a Bitcoin. O PoS foi concebido para resolver alguns dos problemas ambientais e de escalabilidade associados ao PoW.

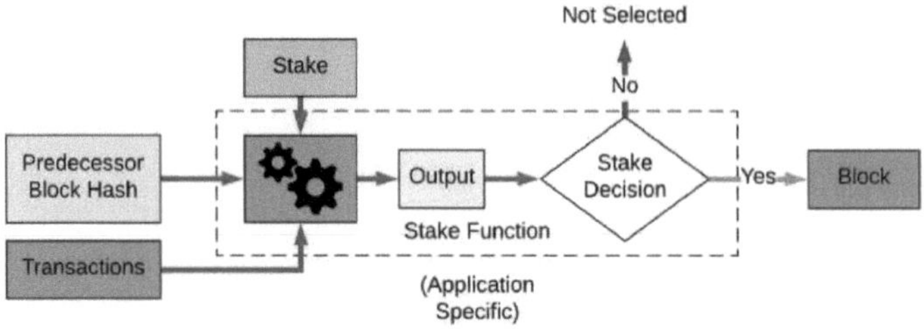

*Figura 5.2: Prova de participação*

Segue-se uma breve explicação do funcionamento da prova de participação:

- **Validadores e Stakers:** Num sistema PoS, os participantes são referidos como validadores ou stakers. Estes participantes são responsáveis por validar as transacções e adicioná-las à cadeia de blocos. Em vez de os mineiros resolverem puzzles matemáticos complexos como no PoW, os validadores no PoS são escolhidos para criar novos blocos e validar transacções com base na quantidade de criptomoeda que detêm e estão dispostos a "apostar" como garantia.
- **Aposta e validação:** Para se tornar um validador numa rede PoS, um participante tem de bloquear um determinado montante da moeda criptográfica nativa dessa rede como garantia. Esta garantia é designada por "stake". Quanto maior for a participação, maior será a probabilidade de o participante ser escolhido para validar transacções e criar novos blocos. Isto contrasta com o PoW, em que os mineiros têm de investir em hardware dispendioso e consumir eletricidade para competir pelas recompensas dos blocos.
- **Validação de blocos:** Os validadores revezam-se na proposta e validação de novos blocos. A probabilidade de ser selecionado para propor e validar um bloco é tipicamente proporcional ao tamanho da sua aposta. Os validadores são financeiramente incentivados a agir honestamente, pois têm muito a perder (a sua criptomoeda em jogo) se tentarem enganar o sistema.

**Recompensas por bloco:** Os validadores são recompensados com taxas de transação e, em alguns casos, com moedas criptográficas recém-criadas por validarem e adicionarem com sucesso um bloco à cadeia de blocos. Estas recompensas são distribuídas proporcionalmente ao tamanho da sua participação.

- **Slashing:** As redes PoS têm frequentemente mecanismos para penalizar os validadores que se envolvem em comportamentos maliciosos, tais como gastos duplos ou tentativas de criar blocos fraudulentos. Os validadores podem perder uma parte da sua criptomoeda apostada como penalização num processo chamado "slashing".

### 5.2.1 Benefícios da prova de participação (PoS)

a) **Eficiência energética:** O PoS é mais eficiente em termos energéticos do que o PoW porque não requer o enorme poder computacional que a mineração PoW requer.

b) **Escalabilidade:** O PoS é geralmente considerado mais escalável porque não envolve a mesma competição intensiva de recursos que a mineração PoW.

c) **Segurança:** O PoS incentiva os validadores a agirem honestamente, uma vez que têm uma participação financeira significativa em risco.

d) **Impacto ambiental**: O PoS reduz o impacto ambiental associado à extração de PoW, que consome muita energia.

Muitos projectos de blockchain adoptaram o PoS como mecanismo de consenso, incluindo o Ethereum 2.0, o Cardano e o Tezos, entre outros. Cada sistema PoS pode ter suas próprias regras e variações nos princípios básicos do PoS, mas todos eles dependem de staking e incentivos financeiros para manter a segurança e a integridade da rede.

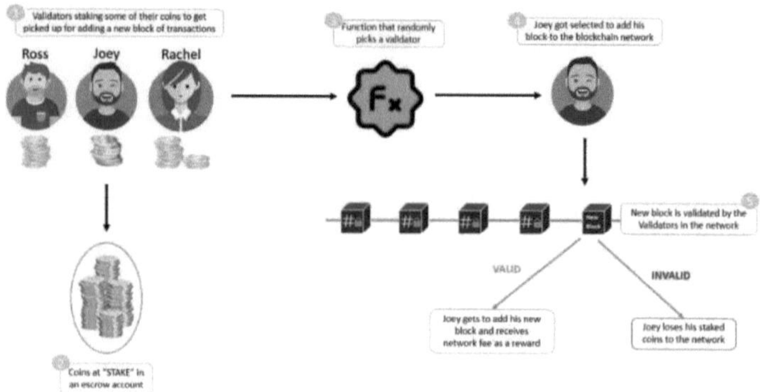


*Figura 5.3: Funcionamento da prova de participação*

## 5.3 Prova de trabalho

- Proof of Work (PoW) é um mecanismo de consenso utilizado em redes blockchain para validar e proteger transacções, bem como para criar novos blocos na blockchain.

- É o mecanismo de consenso original e mais conhecido e é utilizado em criptomoedas como a Bitcoin. O PoW foi introduzido por Satoshi Nakamoto no whitepaper da Bitcoin em 2008.

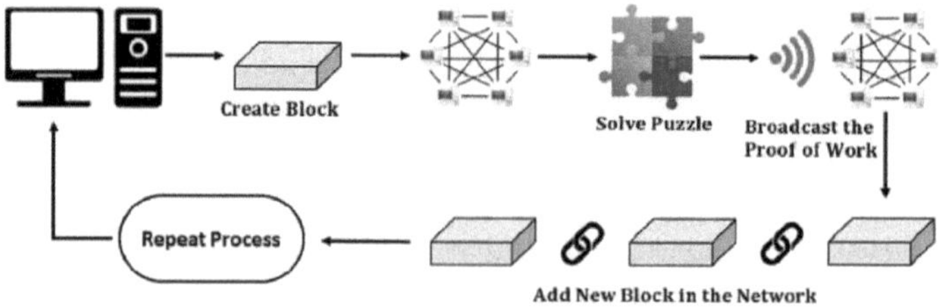


*Figura 5.4: Prova de trabalho*

Eis como funciona a Prova de Trabalho:

- **Mineiros:** Os participantes da rede PoW são chamados de mineradores. Os mineiros são responsáveis pela resolução de puzzles matemáticos complexos, conhecidos como puzzles de prova de trabalho, para validar transacções e criar novos blocos. Estes puzzles requerem um poder computacional significativo e são intencionalmente difíceis de resolver.

- **Processo de mineração:** Os mineiros competem para resolver o puzzle da prova de trabalho, utilizando o poder de processamento do seu computador para encontrar uma solução. O primeiro mineiro a resolver o puzzle transmite a solução à rede e os outros nós verificam a solução.

- **Verificação:** Outros nós da rede verificam se a solução proposta está correcta, aplicando-a às transacções pendentes. Se a solução for válida, o bloco do mineiro é adicionado à cadeia de blocos e as transacções são consideradas confirmadas.

- **Recompensas por bloco:** Os mineiros são recompensados pelos seus esforços com moedas de criptomoeda, muitas vezes sob a forma de taxas de transação e moedas recém-criadas (recompensas de bloco). Isto incentiva os mineiros a participar na rede e a protegê-la.

- **Ajuste da dificuldade:** A rede PoW ajusta a dificuldade dos puzzles de prova de trabalho ao longo do tempo para garantir que os blocos são criados a uma taxa consistente. Este ajuste ajuda a manter a segurança e a integridade da rede.

*Figura 5.5: Conceito de prova de trabalho*

### 5.3.1 Vantagens da prova de trabalho (PoW)

a) **Segurança:** O PoW é considerado altamente seguro porque requer um poder computacional significativo para minerar novos blocos com sucesso. Isto faz com que seja difícil e dispendioso para os actores maliciosos atacarem a rede.

b) **Descentralização:** O PoW incentiva a descentralização, uma vez que qualquer pessoa com o hardware necessário pode participar na rede como mineiro.

c) **Fiabilidade:** O PoW provou ser um mecanismo de consenso fiável e testado em combate através do sucesso de criptomoedas como a Bitcoin.

No entanto, a PoW também tem alguns inconvenientes, nomeadamente o seu impacto ambiental. A exploração mineira em PoW consome grandes quantidades de eletricidade e requer hardware especializado, o que leva a preocupações sobre o consumo de energia e as emissões de carbono.

*Figura 5.6: Diferença entre POW e POS*

## 5.3 Prova de participação delegada

- A Prova de participação delegada (DPoS) é um algoritmo de consenso utilizado na tecnologia de cadeia de blocos para validar e confirmar transacções e criar novos blocos numa cadeia de blocos.
- A DPoS é uma alternativa aos mecanismos de consenso mais tradicionais Proof of Work (PoW) e Proof of Stake (PoS).

- Foi concebido para resolver alguns dos problemas de escalabilidade e de consumo de energia associados ao PoW, proporcionando simultaneamente tempos de processamento de transacções mais rápidos.
- Num sistema DPoS, os detentores de tokens da moeda criptográfica nativa da cadeia de blocos podem votar num número selecionado de delegados (frequentemente designados por "testemunhas" ou "produtores de blocos") que são responsáveis pela validação das transacções e pela criação de novos blocos.
- Estes delegados são normalmente as entidades com mais votos e têm a tarefa de gerir os nós da rede.
- O número de delegados é limitado, o que ajuda a manter a eficiência e a escalabilidade.

Eis como funciona geralmente a DPoS:

a) Os detentores de tokens votam**:** Os detentores de tokens na rede blockchain votam nos seus delegados preferidos, apostando os seus tokens. Os delegados com mais votos tornam-se participantes activos na produção e validação de blocos.

b) **Produção de blocos:** Os delegados revezam-se na produção de novos blocos de forma rotativa. Esta rotação garante que várias partes tenham a oportunidade de participar e mantém a rede descentralizada.

c) **Validação de transacções:** Os delegados validam as transacções e adicionam-nas à cadeia de blocos. Se um delegado se comportar de forma desonesta ou não cumprir os seus deveres, pode ser afastado e substituído por candidatos mais fiáveis.

d) **Recompensas por bloco:** Os delegados são recompensados pelos seus serviços com tokens de criptomoeda. Isto incentiva-os a desempenhar as suas funções com precisão e a manter a segurança e integridade da rede.

Algumas plataformas de blockchain bem conhecidas que usam DPoS ou uma variante semelhante incluem EOS, TRON e BitShares. A DPoS tem a vantagem de ser mais eficiente em termos energéticos do que a PoW porque não requer o processo computacional de "mineração" que consome quantidades significativas de eletricidade. No entanto, também foi alvo de críticas por potencialmente centralizar o poder nas mãos de alguns delegados ou partes interessadas importantes. A estrutura e as regras de governação da DPoS podem variar entre diferentes projectos de cadeia de blocos, e a eficácia da DPoS depende em grande medida da conceção e execução do sistema de cadeia de blocos específico.

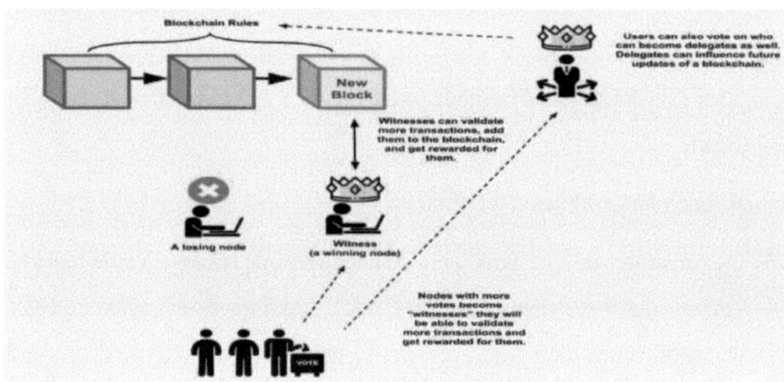


*Figura 5.7: Prova de participação delegada*

### 5.4.1 Funcionamento da prova de participação delegada

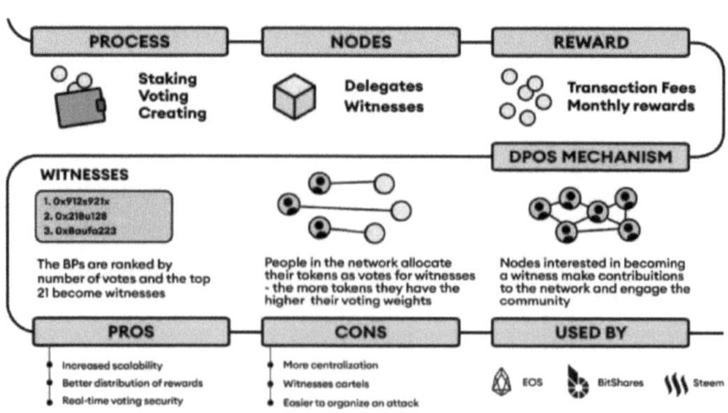


*Figura 5.8: Funcionamento do POS delegado*

## 5.5 Tempo decorrido da prova

- Proof of Elapsed Time (PoET) é um algoritmo de consenso utilizado em alguns sistemas de cadeia de blocos para obter consenso e validar transacções.
- Foi originalmente desenvolvido pela Intel e introduzido como parte do quadro Hyperledger Sawtooth; um projeto de livro-razão distribuído de código aberto acolhido pela Linux Foundation.
- A PoET foi concebida para resolver alguns dos problemas de eficiência energética associados aos algoritmos tradicionais de Prova de Trabalho (PoW), como os utilizados na Bitcoin, mantendo ao mesmo tempo uma rede descentralizada e segura. Ele faz isso aproveitando ambientes de execução confiáveis (TEEs) fornecidos por hardware moderno, como o Software Guard Extensions (SGX) da Intel.

Eis como funciona geralmente o PoET:

a) **Lotaria de tempo de espera:** No PoET, os participantes na rede têm de esperar um período de tempo aleatório, que é determinado por um processo de lotaria. Cada participante solicita um "tempo de espera" a uma função de confiança dentro de um TEE.

b) **Validação:** O participante que terminar de esperar o menor tempo é autorizado a criar o próximo bloco na cadeia de blocos. Isto é semelhante ao conceito de lotaria no PoW, em que os mineiros competem para resolver um puzzle computacional difícil para criar um novo bloco.

c) **Criação do bloco:** O participante que ganha a lotaria e cria o novo bloco é recompensado com tokens de criptomoeda e com o direito de incluir um conjunto de transacções no bloco.

- A ideia por detrás do PoET é que não se baseia em cálculos que consomem muita energia, como no PoW, mas sim num processo de aleatorização baseado em hardware de confiança para selecionar o próximo produtor de blocos. Isto reduz o consumo de energia e o impacto ambiental do mecanismo de consenso.

- Vale a pena notar que o PoET depende da confiança nas propriedades de segurança do hardware, especificamente os TEEs. Se um TEE fosse comprometido, poderia minar a segurança do blockchain usando PoET. Portanto, a eficácia da PoET depende da robustez e da segurança do hardware envolvido.

- Embora o PoET seja uma nova abordagem para alcançar o consenso de uma forma mais eficiente em termos energéticos, não é tão amplamente adotado como outros mecanismos de consenso como a Prova de Trabalho (PoW), a Prova de Participação (PoS) ou a Prova de Participação Delegada (DPoS). A escolha do mecanismo de consenso depende dos objectivos e requisitos específicos de um projeto de cadeia de blocos.

### 5.5.1 Trabalho de prova Tempo decorrido

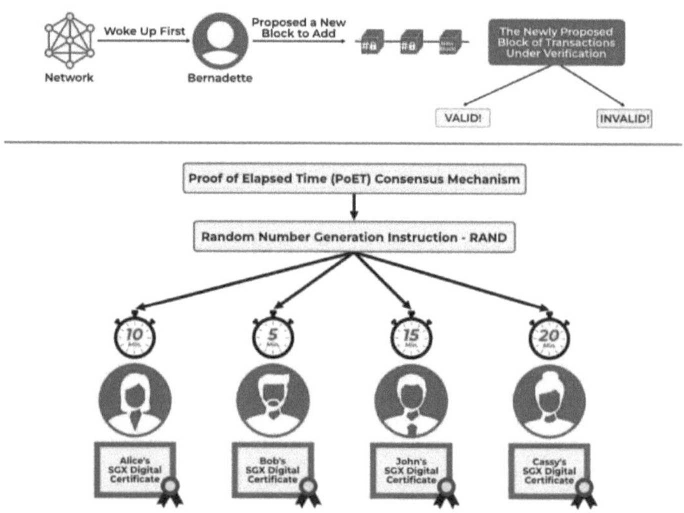


*Figura 5.9: Funcionamento do tempo decorrido da prova*

## 5.6 Consenso baseado em depósitos

- O "consenso baseado em depósitos" refere-se a um mecanismo de consenso em que os participantes numa rede blockchain são obrigados a fazer um depósito ou a apostar uma determinada quantia de criptomoeda ou outros activos valiosos como garantia para participar no processo de consenso. Os depósitos servem como uma forma de compromisso e podem ser perdidos no caso de um participante atuar de forma maliciosa ou violar as regras da rede. Este tipo de mecanismo de consenso é frequentemente utilizado para promover um comportamento honesto e seguro dentro da rede.

- Um exemplo bem conhecido de um mecanismo de consenso baseado em depósitos é o "Proof of Stake" (PoS). No PoS, os participantes, também conhecidos como validadores ou stakes, são obrigados a bloquear uma determinada quantia de criptomoeda como garantia para terem a oportunidade de criar novos blocos e validar transacções. Quanto mais criptomoeda um participante apostar, maior será a probabilidade de ser selecionado como validador para o bloco seguinte. Se um validador agir de forma desonesta ou violar as regras da rede, pode perder os seus activos em jogo como penalização, o que o incentiva a comportar-se honestamente.

- Outro conceito relacionado é o "Delegated Proof of Stake" (DPoS), em que os detentores de tokens votam num número selecionado de delegados que são responsáveis pela validação do bloco, e estes delegados têm frequentemente de fazer um depósito ou apostar um determinado número de tokens para serem elegíveis para a posição. A DPoS combina elementos do consenso baseado em depósitos e da delegação.

- Os mecanismos de consenso baseados em depósitos têm como objetivo melhorar a segurança da rede e reduzir o risco de comportamentos maliciosos, exigindo que os participantes tenham um interesse direto no sucesso da rede. As regras e os requisitos específicos dos mecanismos de consenso baseados em depósitos podem variar de um projeto de cadeia de blocos para outro e são concebidos para alinhar os interesses dos participantes com a integridade e a segurança globais da rede.

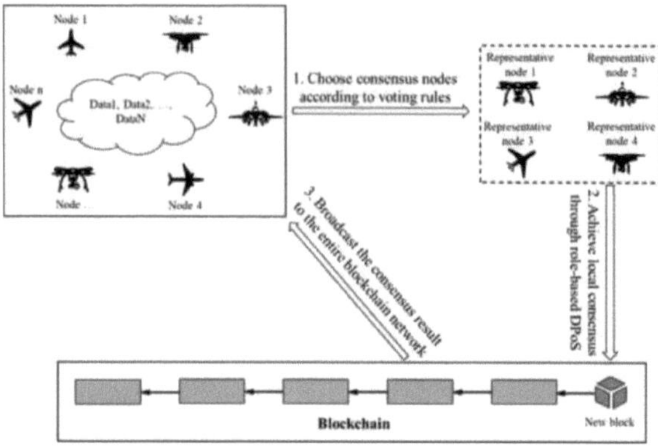


*Figura 5.10: Consenso com base nos depósitos*

## 5.7 <u>Prova de importância</u>

A "Prova de Importância" (PoI) é um mecanismo de consenso que foi inicialmente introduzido pela plataforma de blockchain NEM (New Economy Movement).

Foi concebido para determinar a probabilidade de um nó ser escolhido para validar transacções e criar novos blocos numa cadeia de blocos com base em factores que vão além da quantidade de tokens de criptomoeda detidos, como nos sistemas tradicionais de Prova de Participação (PoS).

A PoI pretende incentivar uma participação ativa e positiva na rede.

Eis os principais conceitos de PoI:

- **XEM Holdings**: A criptomoeda nativa da NEM é chamada de "XEM". Para participar no PoI, um utilizador tem de ter um determinado montante mínimo de XEM na sua carteira. Quanto mais XEM tiver, maiores serão as hipóteses de o indivíduo ser escolhido para participar no processo de consenso.

- **Transacções**: O PoI tem em conta o número de transacções em que um utilizador esteve envolvido. Valoriza os utilizadores que enviam e recebem transacções, o que incentiva a participação ativa na rede.
- **Colheita:** Os utilizadores podem "colher" na rede NEM, o que é semelhante ao processo de mineração ou validação de transacções noutros sistemas de cadeia de blocos. A colheita envolve o processamento ativo e a confirmação de transacções.
- **Reputação do nó:** A reputação de um utilizador também é considerada no PoI. Os utilizadores podem melhorar a sua reputação mantendo um maior saldo de XEM na sua carteira, participando ativamente em transacções, e geralmente agindo positivamente dentro da rede.
- **Pontuação de Prova de Importância:** A pontuação PoI de cada utilizador é calculada com base nestes factores, e aqueles com pontuações mais elevadas têm mais hipóteses de serem escolhidos como harvester, responsáveis pela validação das transacções e pela criação de novos blocos.

A ideia por trás do PoI é incentivar a participação na rede, em vez de simplesmente recompensar aqueles que detêm grandes quantidades de criptomoeda. Foi concebido para promover a participação ativa na rede blockchain e manter a sua segurança e integridade.

## 5.7.1 Porquê a Prova de Importância (PoI)?

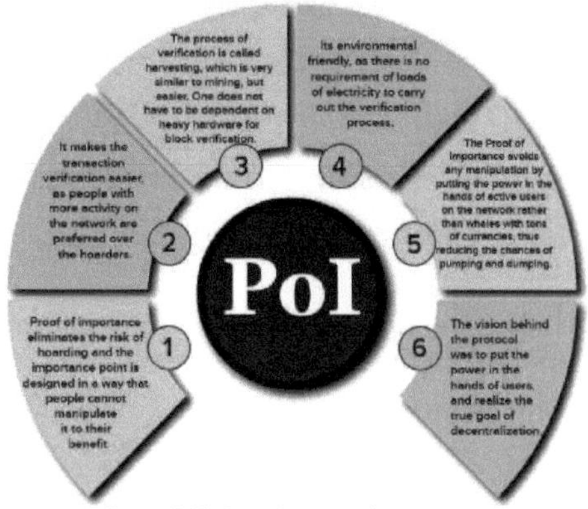


*Figura 5.11: Porquê a prova de importância*

## 5.7.2 Funcionamento da prova de importância

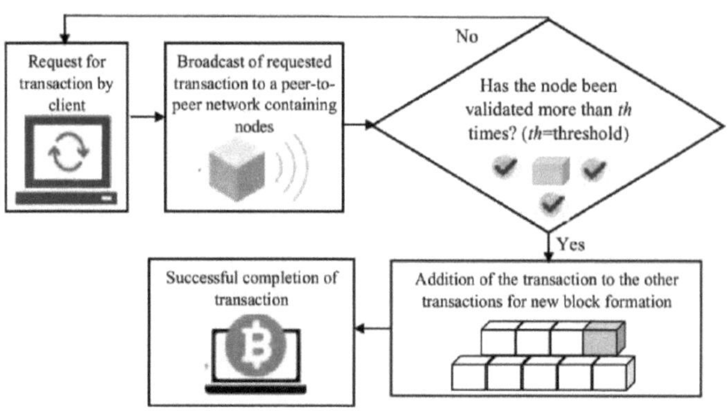


*Figura 5.12: Funcionamento da prova de importância*

# 5.8 Consenso Federado

O Consenso Federado é um mecanismo de consenso utilizado em determinados sistemas de cadeia de blocos para chegar a um acordo sobre o estado da cadeia de blocos.

Envolve uma federação ou um grupo de validadores de confiança que tomam coletivamente decisões relativas à validação de transacções e à criação de blocos.

O consenso federado é normalmente utilizado em redes de cadeias de blocos privadas ou autorizadas, em que os participantes são entidades conhecidas e de confiança, tais como organizações, em vez de participantes anónimos como nas cadeias de blocos públicas como a Bitcoin.

Eis algumas das principais características do Federated Consensus:

- **Federação de confiança:** Num sistema de consenso federado, a rede depende de uma federação de validadores ou nós conhecidos para chegar a um consenso. Estes validadores são normalmente participantes pré-seleccionados e de confiança que têm autoridade para validar transacções e criar novos blocos.

- **Eficiência**: Os mecanismos de consenso federado são muitas vezes mais eficientes e rápidos em comparação com a Prova de Trabalho (PoW) ou a Prova de Participação (PoS), porque a confiança entre os participantes é estabelecida de antemão, eliminando a necessidade de mineração ou staking que consomem muitos recursos.

- **Segurança e controlo**: Uma vez que os validadores de um sistema de consenso federado são conhecidos e de confiança, a rede pode manter um maior grau de segurança e controlo. Isto é particularmente importante em configurações de blockchain de empresas ou consórcios, onde a conformidade e a governação são preocupações fundamentais.

- **Escalabilidade**: Os mecanismos de consenso federado podem ser mais escaláveis, uma vez que não exigem o trabalho computacional que se verifica no PoW, e o número limitado de validadores permite uma tomada de decisões mais rápida.

- **Exemplos**: Exemplos de plataformas de cadeia de blocos que utilizam mecanismos de consenso federado incluem o Hyperledger Fabric e o Corda.

Estas plataformas foram concebidas para casos de utilização específicos, como a gestão da cadeia de abastecimento ou os serviços financeiros, em que um consórcio de entidades trabalha em conjunto.

Em resumo, o Consenso Federado é um mecanismo de consenso que utiliza um grupo predefinido de participantes de confiança para chegar a um acordo sobre transacções e criação de blocos. É uma escolha adequada para blockchains privadas e autorizadas, em que os participantes são conhecidos e podem trabalhar em conjunto de forma eficiente, segura e com um elevado grau de controlo.

### 5.8.1 Funcionamento do Consenso Federado

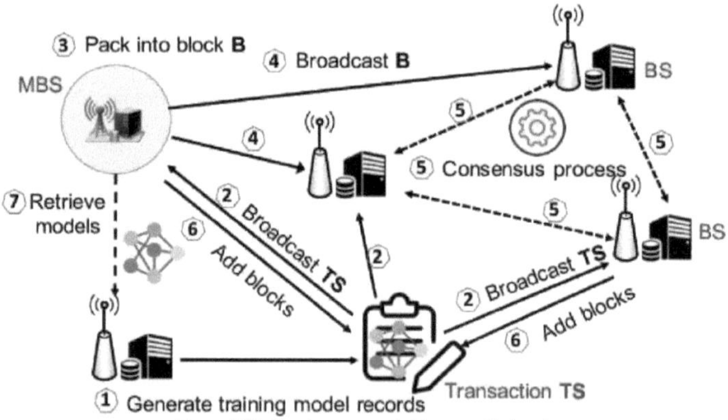

Figura 5.13: Funcionamento do Consenso Federado

## 5.4 Consenso Bizantino Federado

O "Federated Byzantine Consensus" (FBC) é um algoritmo de consenso que combina os princípios do protocolo de consenso bizantino tolerante a falhas (BFT) com uma federação de validadores de confiança.

Foi concebido para proporcionar um elevado grau de segurança e consenso em redes de cadeias de blocos, particularmente em contextos de cadeias de blocos privadas ou de consórcio em que os participantes são conhecidos e de confiança.

Eis as principais características do Consenso Bizantino Federado:

- **Tolerância a falhas bizantinas**: O FBC foi concebido para resolver o problema dos generais bizantinos, que se refere ao desafio de obter consenso numa rede distribuída quando alguns nós podem ter falhas ou ser maliciosos. O FBC garante que o consenso pode ser alcançado mesmo na presença de falhas bizantinas.
- **Federação de validadores**: No FBC, um conjunto limitado e conhecido de validadores, frequentemente designado por federação, participa no processo de consenso. Estes validadores são seleccionados e merecem a confiança dos participantes na rede.
- **Votação e acordo**: Os validadores da federação comunicam e chegam a um consenso através de um processo de votação. Eles concordam com o estado da cadeia de blocos e validam as transacções assinando-as e confirmando-as.
- **Segurança e carácter definitivo**: O FBC oferece um elevado nível de segurança e carácter definitivo. Quando um quórum suficiente de validadores concorda com um conjunto de transacções, estas são consideradas confirmadas e não podem ser facilmente revertidas.
- **Eficiência**: O FBC é geralmente mais eficiente e escalável em comparação com a Prova de Trabalho (PoW), porque não depende da extração intensiva de recursos e pode chegar a um consenso mais rapidamente.
- **Casos de utilização**: A FBC é frequentemente utilizada em cadeias de blocos privadas ou de consórcio, em que os participantes são conhecidos e a confiança é estabelecida. É adequada para aplicações em que a privacidade e o controlo dos dados são importantes, tais como serviços financeiros, gestão da cadeia de abastecimento e casos de utilização relacionados com o governo.

É importante observar que, embora o Consenso Bizantino Federado ofereça vantagens em termos de segurança e eficiência, ele normalmente não é tão descentralizado quanto blockchains públicas como Bitcoin ou Ethereum, onde qualquer pessoa pode participar do processo de consenso. Em vez disso, é mais adequado para casos de utilização em que um grupo limitado de entidades conhecidas colabora num ambiente mais controlado.

### 5.9.1 Vantagens do consenso bizantino federado

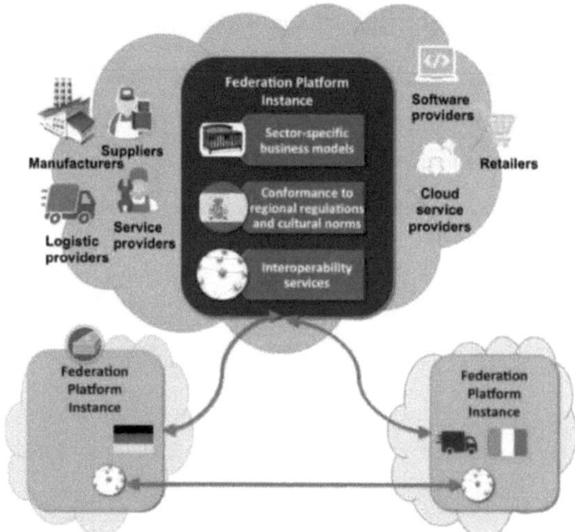


*Figura 5.14: Benefícios do Consenso Federado-Bizantino*

### 5.9.2 Funcionamento do Consenso Bizantino Federado

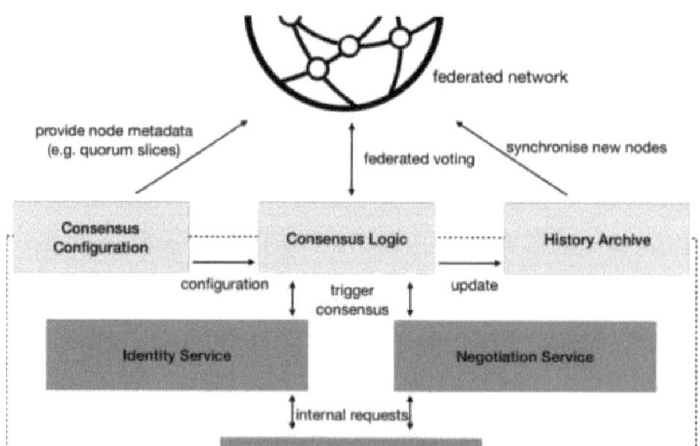


*Figura 5.15: Funcionamento do Consenso Federado-Bizantino*

### 5.9.3 O Consenso Federado e o Consenso Bizantino Federado são iguais ou diferentes?

"Consenso Federado" e "Consenso Bizantino Federado" são termos relacionados, mas referem-se a conceitos diferentes no contexto dos algoritmos de consenso e da tecnologia blockchain.

Vamos esclarecer a diferença entre os dois:

1. **Consenso Federado:**
    - O Consenso Federado é um mecanismo de consenso que envolve um grupo de participantes de confiança (nós federados ou validadores) que tomam coletivamente decisões para validar e confirmar transacções numa rede blockchain.
    - É frequentemente utilizada em redes de cadeias de blocos privadas ou autorizadas, em que os participantes são entidades conhecidas e de confiança, como organizações ou indivíduos.
    - Num modelo de consenso federado, as decisões são tomadas por um quórum de participantes e o processo de consenso é normalmente mais eficiente e rápido do que alguns outros mecanismos de consenso, como a Prova de Trabalho (PoW) ou a Prova de Participação (PoS).
    - A Stellar, por exemplo, utiliza um protocolo de Acordo Bizantino Federado (FBA) para obter consenso entre um conjunto predefinido de validadores.
2. **Consenso Bizantino Federado:**
    - O consenso bizantino federado, por outro lado, é uma variante específica do consenso federado que combina os princípios do protocolo de consenso bizantino tolerante a falhas com uma rede federada de validadores.
    - Foi concebido para resolver o problema dos generais bizantinos, um cenário na computação distribuída em que alguns nós de uma rede podem ser maliciosos ou defeituosos e podem enviar informações contraditórias.

- No Consenso Bizantino Federado, a rede de validadores trabalha em conjunto para alcançar o consenso, mesmo na presença de falhas bizantinas, garantindo que eles concordam com o estado da blockchain.
- O protocolo FBA da Stellar é um exemplo de um algoritmo de Consenso Bizantino Federado.

## 5.5 Tolerância prática a falhas bizantinas

O Practical Byzantine Fault Tolerance (PBFT) é um algoritmo de consenso concebido para resolver o Problema dos Generais Bizantinos, um desafio na computação distribuída em que os nós de uma rede podem ter falhas ou ser maliciosos, sendo crucial chegar a um consenso na presença de tais falhas.

O PBFT é prático porque é conhecido pela sua eficiência e é frequentemente utilizado em redes de cadeias de blocos autorizadas e privadas em que os participantes são conhecidos e de confiança.

Eis como funciona o PBFT:

- **Funções dos nós**: No PBFT, a rede é composta por um conjunto de nós que assumem papéis específicos. Esses papéis incluem o primário (líder), réplicas e clientes.
- **Seleção do líder**: O líder principal é escolhido entre os nós através de um algoritmo de consenso ou de um processo de seleção de líder rotativo. O líder principal é responsável por propor novos blocos e ordenar as transacções.
- **Fase de pedido e pré-preparação**: Quando um cliente inicia uma transação, o primário transmite um pedido a todas as réplicas. Cada réplica verifica o pedido e responde com uma mensagem de "pré-preparação", indicando a sua disponibilidade para efetuar a transação.
- **Fase de preparação: Assim** que o primário recolhe mensagens de pré-preparação suficientes das réplicas, emite uma mensagem de "preparação" para a rede. As réplicas que recebem a mensagem de preparação, validam-na e respondem com as suas mensagens de preparação, indicando o seu

compromisso com a transação.

- **Fase de confirmação:** Quando uma réplica recebe um número suficiente de mensagens preparadas, emite uma mensagem "commit", confirmando o seu compromisso com a transação.
- **Finalidade:** Quando um cliente vê mensagens de confirmação suficientes das réplicas, considera a transação como finalizada e informa o cliente. Finalidade significa que a transação está confirmada e não pode ser revertida.

## 5.10.1 Características do PBFT

- **Tolerância a falhas bizantinas**: O PBFT pode tolerar que até um terço dos nós da rede se comportem de forma arbitrária ou maliciosa, sem deixar de chegar a um consenso.
- **Eficiência**: O PBFT é conhecido por sua eficiência em comparação com a Prova de Trabalho (PoW) e pode processar transações rapidamente, tornando-o adequado para casos de uso que exigem baixa latência e alta taxa de transferência.
- **Finalidade**: O PBFT oferece finalidade, o que significa que, uma vez alcançado um consenso sobre uma transação, este não pode ser revertido.

\- **Participantes conhecidos**: É normalmente utilizado em redes onde os participantes são conhecidos e de confiança, tornando-o mais centralizado em comparação com as cadeias de blocos públicas.

O PBFT é amplamente utilizado em configurações de blockchain de empresas e consórcios e foi implementado em várias plataformas de blockchain, como o Hyperledger Fabric. É uma escolha prática quando a privacidade dos dados, o controlo e a finalização rápida das transacções são requisitos essenciais.

### 5.10.2 Funcionamento do PBFT

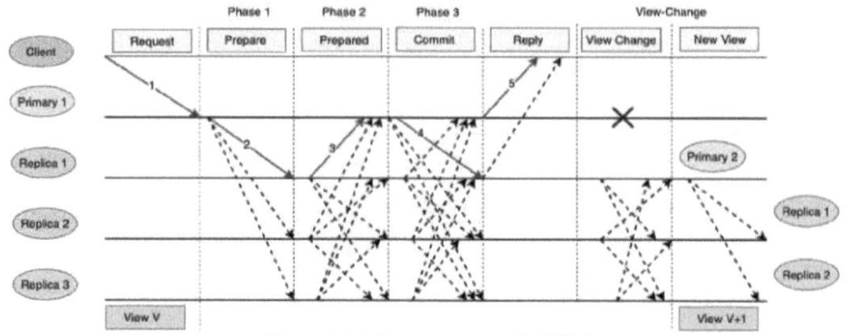


*Figura 5.16: Funcionamento do PFBT*

### 5.10.3 Mecanismo do PBFT

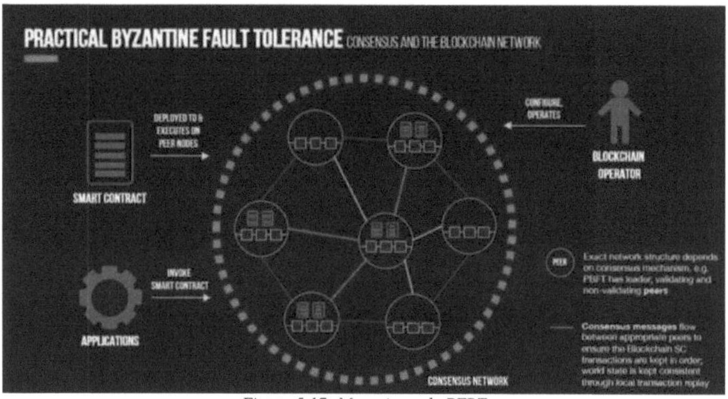


*Figura 5.17: Mecanismo do PFBT*

## 5.11 Gestão da cadeia de abastecimento

- A gestão da cadeia de abastecimento (SCM) é um dos casos de utilização proeminentes da tecnologia de cadeias de blocos.
- Envolve o acompanhamento da produção, expedição e entrega de bens ou produtos ao longo de toda a cadeia de abastecimento, desde as matérias-primas até ao consumidor final.
- A cadeia de blocos pode resolver vários desafios na gestão da cadeia de

abastecimento, proporcionando transparência, rastreabilidade e eficiência.

Eis uma explicação pormenorizada da forma como a cadeia de blocos é utilizada na gestão da cadeia de abastecimento:

a) **Transparência**: A Blockchain fornece um livro-razão partilhado a que todos os participantes na cadeia de abastecimento podem aceder. Cada transação ou evento na cadeia de abastecimento é registado como um bloco na cadeia de blocos. Esta transparência garante que todas as partes interessadas tenham visibilidade sobre o movimento e o estado dos produtos.

b) **Proveniência e rastreabilidade**: A cadeia de blocos permite o rastreio dos produtos desde a sua origem. Cada etapa da cadeia de abastecimento, desde o fabricante ao distribuidor e ao retalhista, pode ser registada na cadeia de blocos. Esta proveniência e rastreabilidade ajudam a identificar a origem de problemas de qualidade ou recolhas e podem reduzir a fraude e a contrafação.

c) **Registos imutáveis**: Uma vez que os dados são adicionados ao blockchain, torna-se extremamente difícil alterá-los ou excluí-los. Esta imutabilidade garante que os registos históricos da cadeia de abastecimento são seguros e fiáveis, impedindo a adulteração de dados ou a fraude.

d) **Contratos inteligentes**: Os contratos inteligentes podem ser integrados na blockchain para automatizar vários processos da cadeia de fornecimento. Por exemplo, as condições de pagamento podem ser accionadas automaticamente quando os produtos atingem determinados marcos, reduzindo a necessidade de supervisão manual e reduzindo os custos administrativos.

e) **Reduzir a fraude**: A contrafação e a fraude são desafios significativos na gestão da cadeia de abastecimento. A transparência e a imutabilidade da Blockchain dificultam a introdução de produtos contrafeitos na cadeia de abastecimento por parte dos maus actores.

f) **Actualizações em tempo real**: A Blockchain permite actualizações e alertas em tempo real, assegurando que todas as partes interessadas estão cientes do estado atual dos produtos. Isto pode ser particularmente importante para produtos perecíveis ou com prazos de validade curtos.

g) **Redução de custos**: Ao simplificar e automatizar muitos processos da cadeia de fornecimento, a cadeia de blocos pode levar à redução de custos. A redução da burocracia, a resolução mais rápida de litígios e o rastreio eficiente podem reduzir as despesas administrativas e operacionais.

h) **Gestão eficiente de recalls**: No caso de recolhas de produtos ou problemas de qualidade, a cadeia de blocos permite uma identificação rápida dos produtos afectados. Isso pode minimizar o impacto dos recalls na segurança pública e na reputação da marca.

i) **Conformidade e auditoria**: Os registos da cadeia de blocos podem ser utilizados para fins de conformidade e auditoria. As empresas podem facilmente provar a adesão a regulamentos e normas, fornecendo um registo imutável das suas actividades na cadeia de abastecimento.

j) **Interoperabilidade**: A cadeia de blocos pode facilitar a interoperabilidade entre os diferentes participantes na cadeia de abastecimento. As organizações com os seus sistemas e bases de dados podem ligar-se e partilhar dados de forma segura na cadeia de blocos.

k) **Preocupações ambientais e éticas**: A cadeia de blocos pode ser utilizada para monitorizar o impacto ambiental dos produtos e garantir um abastecimento ético, fornecendo dados sobre as condições em que os produtos são fabricados.

l) **Comércio transfronteiriço**: Nas cadeias de abastecimento internacionais, a cadeia de blocos pode simplificar os procedimentos aduaneiros, reduzir a fraude e acelerar a circulação de mercadorias através das fronteiras.

Alguns exemplos notáveis de empresas e organizações que implementam a cadeia de blocos para a gestão da cadeia de abastecimento incluem o Food Trust da IBM, que rastreia a origem e o percurso dos produtos alimentares, e a plataforma Trade Lens, co-desenvolvida pela Maersk e pela IBM, que visa digitalizar os processos de comércio global.

Em conclusão, a tecnologia blockchain na gestão da cadeia de abastecimento oferece maior transparência, rastreabilidade e automação, o que pode levar a economias de custos, reduzir fraudes e melhorar a eficiência e integridade gerais da cadeia de abastecimento. É particularmente valiosa em sectores onde a proveniência e a autenticidade dos produtos são críticas, tais como o sector alimentar, farmacêutico e de bens de luxo.

### 5.11.1 Funcionamento da gestão da cadeia de abastecimento

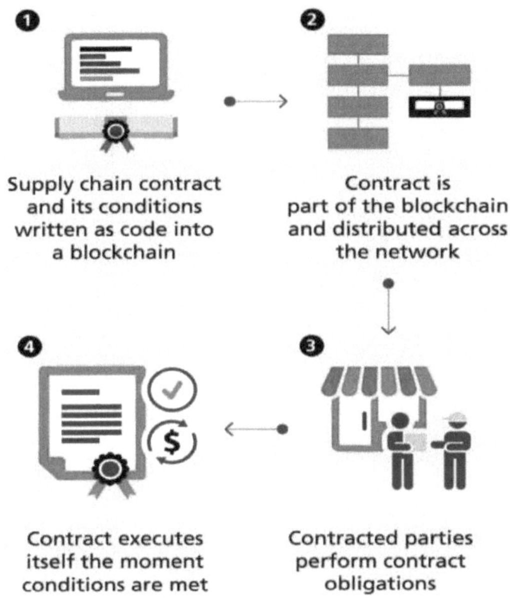


*Figura 5.18: Funcionamento da gestão da cadeia de abastecimento*

## Perguntas

1. Definir Consenso no contexto da tecnologia Blockchain. Porque é que o consenso é importante no sistema distribuído?
2. Faça a comparação entre a Prova de Trabalho (PoW) e a Prova de Participação (PoS) do Algoritmo de Consenso. Quais são as principais diferenças entre cada um?
3. Explicar a prova de tempo decorrido e a prova de importância.
4. Definir consenso com base em depósitos.
5. Descrever a tolerância a falhas bizantinas.
6. Escreva as principais diferenças entre o Consenso Federado e o Consenso Bizantino Federado.
7. Discutir alguns casos de utilização real da tecnologia Blockchain.

# REFERÊNCIAS


1. Nakamoto, S. (2008). Bitcoin: Um sistema de dinheiro eletrónico peer-to-peer. Recuperado de https://bitcoin.org/bitcoin.pdf
2. Buterin, V. (2014). Um contrato inteligente de próxima geração e uma plataforma de aplicação descentralizada. Livro branco do Ethereum. Obtido em https://ethereum.org/en/whitepaper/
3. Mougayar, W. (2016). The Business Blockchain: Promessa, prática e aplicação da próxima tecnologia da Internet. Wiley.
4. Tapscott, D., & Tapscott, A. (2016). Revolução Blockchain: Como a tecnologia por trás do Bitcoin está mudando o dinheiro, os negócios e o mundo. Penguin.
5. Swanson, T. (2015). Consensus-as-a-service: um breve relatório sobre o surgimento de sistemas de registo distribuído com permissões. Relatório. Recuperado de https://www.ofnumbers.com/consensus-as-a-service/
6. Wood, G. (2014). Ethereum: Um livro-razão seguro de transacções descentralizadas e generalizadas. Documento Amarelo do Ethereum. Recuperado de https://ethereum.github.io/yellowpaper/paper.pdf
7. Drescher, D. (2017). Noções básicas de blockchain: Uma introdução não técnica em 25 passos. Apress.
8. Narayanan, A., Bonneau, J., Felten, E., Miller, A., & Goldfeder, S. (2016). Tecnologias Bitcoin e Cryptocurrency: Uma introdução abrangente. Princeton University Press.
9. Antonopoulos, A. M. (2017). Dominando o Bitcoin: desbloqueando criptomoedas digitais. O'Reilly Media.

10. Rosic, A. (2021). Blockchain: Transformando seu negócio e nosso mundo. Centro de Blockchain.

11. Pilkington, M. (2016). Tecnologia Blockchain: Princípios e aplicações. Em Research Handbook on Digital Transformations (Eds. Edward Elgar).

12. Christidis, K., & Devetsikiotis, M. (2016). Blockchains e contratos inteligentes para a Internet das Coisas. IEEE Access, 4, 2292-2303.

13. Zyskind, G., Nathan, O., & Pentland, A. (2015). Descentralizando a privacidade: Usando Blockchain para proteger dados pessoais. Em Proceedings of the 2015 IEEE Security and Privacy Workshops, 180-184.

14. Lewis, A. (2018). O básico de Bitcoins e Blockchains. Mango Publishing.

15. Swan, M. (2015). Blockchain: Projeto para uma nova economia. O'Reilly Media.

16. Casey, M. J., & Vigna, P. (2018). A máquina da verdade: The Blockchain and the Future of Everything [A cadeia de blocos e o futuro de tudo]. Harper Business.

17. Fairfield, J. (2014). Contratos inteligentes, bots Bitcoin e proteção do consumidor. Washington and Lee Law Review, 71(2), 122-145.

18. Iansiti, M., & Lakhani, K. R. (2017). A verdade sobre Blockchain. Harvard Business Review, 95(1), 118-127.

19. Popper, N. (2016). Digital Gold: Bitcoin and the Inside Story of the Misfits and Millionaires Trying to Reinvent Money [Ouro digital: Bitcoin e a história interna dos desajustados e milionários que tentam reinventar o dinheiro]. Harper.

20. Bashir, I. (2017). Mastering Blockchain: Tecnologia de Ledger Distribuído, Descentralização e Contratos Inteligentes Explicados. Packt Publishing.

21. Yermack, D. (2017). Governança corporativa e blockchains. Revisão de Finanças, 21(1), 731.

22. Mougayar, W., & Buterin, V. (2016). The Business Blockchain: Promessa, prática e aplicação da próxima tecnologia da Internet. Wiley.

23. Evans, D. (2014). Aspectos económicos da Bitcoin e de outras plataformas de moeda pública descentralizada. Documento de investigação do Instituto Coase-Sandor de Direito e Economia da Universidade de Chicago, (685).

24. Peters, G. W., & Panayi, E. (2016). Compreender os registos bancários modernos através das tecnologias Blockchain: Futuro do processamento de transacções e contratos inteligentes na Internet do dinheiro. Em Banking Beyond Banks and Money (pp. 239-278). Springer.

25. Croman, K., Decker, C., Eyal, I., Gencer, A. E., Juels, A., Kosba, A., & Wattenhofer, R. (2016). Sobre a escala de blockchains descentralizados (um documento de posição). Na Conferência Internacional sobre Criptografia Financeira e Segurança de Dados (pp. 106-125). Springer.

26. Garay, J., Kiayias, A., & Leonardos, N. (2015). O protocolo de backbone do Bitcoin: Analysis and Applications. Na Conferência Internacional Anual sobre a Teoria e Aplicações de Técnicas Criptográficas (pp. 281-310). Springer.

27. Catalini, C., & Gans, J. S. (2016). Some Simple Economics of the Blockchain. Documento de trabalho do National Bureau of Economic Research (NBER) n.º 22952.

28. Hileman, G., & Rauchs, M. (2017). Estudo global de benchmarking de blockchain. Centro de Cambridge para Finanças Alternativas.

29. Tschorsch, F., & Scheuermann, B. (2016). Bitcoin e mais além: Uma pesquisa técnica sobre moedas digitais descentralizadas. IEEE Communications Surveys & Tutorials, 18(3), 2084-2123.

30. Zohar, A. (2015). Bitcoin: under the hood. Communications of the ACM, 58(9), 104-113.

31. Nofer, M., Gomber, P., Hinz, O., & Schiereck, D. (2017). Blockchain. Engenharia de Sistemas de Informação e Negócios, 59(3), 183-187.

32. Pilkington, M. (2016). Tecnologia Blockchain: Princípios e aplicações. Em F. X. Olleros & M. Zhegu (Eds.), Manual de Pesquisa sobre Transformações Digitais (pp. 225-253). Edward Elgar Publishing.

33. Yaga, D., Mell, P., Roby, N., & Scarfone, K. (2019). Visão geral da tecnologia Blockchain. Instituto Nacional de Normas e Tecnologia (NIST), Publicação Especial 800-305.

34. Subramanian, H. (2018). Mercados eletrônicos descentralizados baseados em blockchain. Comunicações da ACM, 61(1), 78-84.

35. Atzori, M. (2017). Tecnologia Blockchain e governação descentralizada: O Estado ainda é necessário? Journal of Governance and Regulation, 6(1), 45-62.

36. Narayanan, A., Bonneau, J., Felten, E., Miller, A., & Goldfeder, S. (2016). Bitcoin e tecnologias de criptomoeda. Princeton University Press.

37. Huckle, S., & White, M. (2016). Socialismo e o Blockchain. Future Internet, 8(4), 49.

38. Halaburda, H., & Sarvary, M. (2016). Além do Bitcoin: a economia das moedas digitais. Springer.

39. Zohar, A. (2015). Bitcoin: uma inovação nos sistemas de pagamento. Journal of Payments Strategy & Systems, 9(3), 207-217.

40. Risius, M., & Spohrer, K. (2017). Uma estrutura de pesquisa Blockchain. Engenharia de Sistemas de Informação e Negócios, 59(6), 385-409.

41. Hughes, A., Park, A., Kietzmann, J., & Archer-Brown, C. (2019). Além do Bitcoin: o que as tecnologias Blockchain e Distributed Ledger significam para as empresas. Business Horizons, 62(3), 273-281.

42. Swan, M. (2015). Blockchain: Projeto para uma nova economia. O'Reilly Media.

43. Glaser, F. (2017). Descentralização generalizada das infra-estruturas digitais: Uma estrutura para análise de sistemas e casos de uso habilitados para Blockchain. Em Actas da 50.ª Conferência Internacional do Havai sobre Ciências do Sistema.

44. McConaghy, T., McMullen, G., Parry, M., McConaghy, M., Holtzman, D., & Pancost, A. (2017). BigchainDB: um banco de dados de blockchain escalável. Livro branco do BigchainDB.

45. Bheemaiah, K. (2017). A alternativa do blockchain: Repensando a política macroeconômica e a teoria econômica. Apress.

46. Underwood, S. (2016). Blockchain para além do Bitcoin. Communications of the ACM, 59(11), 15-17.

47. Crosby, M., Nachiappan, P., Verma, S., & Kalyanaraman, V. (2016).

Tecnologia Blockchain: Beyond Bitcoin. Applied Innovation Review, 2, 6-19.

48. Kshetri, N. (2017). Blockchain's Roles in Strengthening Cybersecurity and Protecting Privacy [Papéis da cadeia de blocos no reforço da cibersegurança e na proteção da privacidade]. Política de Telecomunicações, 41(10), 1027-1038.

49. Gervais, A., Karame, G. O., Wüst, K., Glykantzis, V., Ritzdorf, H., & Capkun, S. (2016). Sobre a segurança e o desempenho de Blockchains de prova de trabalho. Em Proceedings of the 2016 ACM SIGSAC Conference on Computer and Communications Security (pp. 3-16).

50. Lakhani, K. R., & Iansiti, M. (2017). A verdade sobre Blockchain. Harvard Business Review, 95(1), 118-127.

51. Eyal, I., & Sirer, E. G. (2014). A maioria não é suficiente: a mineração de Bitcoin é vulnerável. Na Conferência Internacional sobre Criptografia Financeira e Segurança de Dados (pp. 436-454). Springer.

52. Peters, G. W., & Panayi, E. (2015). Compreender os registos bancários modernos através das tecnologias Blockchain: O futuro do processamento de transacções e dos contratos inteligentes na Internet do dinheiro. Journal of Banking Regulation, 16(4), 312-346.

53. Bonneau, J., Miller, A., Clark, J., Narayanan, A., Kroll, J. A., & Felten, E. W. (2015). Perspectivas e desafios de pesquisa para Bitcoin e criptomoedas. Em 2015 IEEE Symposium on Security and Privacy (pp. 104-121).

54. Pinna, A., & Ruttenberg, W. (2016). Distributed Ledger Technologies in Securities PostTrading. Série de Documentos de Trabalho Ocasionais do BCE n.º 172.

55. Catalini, C., & Gans, J. S. (2018). Ofertas iniciais de moedas e o valor dos tokens de criptografia. Documento de pesquisa do MIT Sloan nº 5347-18.

56. Shirazi, F. (2017). Tecnologia Blockchain: An Overview. Revista Internacional de Gestão da Informação, 37(2), 183-191.

57. 0lnes, S., Ubacht, J., & Janssen, M. (2017). Blockchain no governo: Benefits and Implications of Distributed Ledger Technology for Information Sharing [Benefícios e implicações da tecnologia de registo distribuído para a partilha de informações]. Government Information Quarterly, 34(3), 355-364.

58. Werbach, K. (2018). O Blockchain e a nova arquitetura da confiança. MIT Press.

59. Nakamura, T. (2018). Segurança de blockchain: A nova fronteira da cibersegurança. Routledge.

60. Davidson, S., De Filippi, P., & Potts, J. (2018). Blockchains e as instituições econômicas do capitalismo. Jornal de Economia Institucional, 14(4), 639-658.

MIX
Papier aus verantwortungsvollen Quellen
Paper from responsible sources
FSC® C105338

Printed by Books on Demand GmbH, Norderstedt / Germany